Keine Zeit für Vernunft

Alexander Bollmann

Gewidmet

Meinem besten Freund

Widmung

Ich widme dieses Buch meinem besten Freund Jürgen und danke ihm für seine Ideen und lebensbejahende Philosophie als mein Mentor, Vorbild und Experte in Veränderungen. Von ihm habe ich gelernt: „Alles was du festhältst, wird sich lösen. Alles was du loslässt, kommt wieder zurück."

Er hatte mich nach Namibia entführt und mich mit dem Virus angesteckt, den afrikanischen Kontinent bedingungslos zu lieben und das Abenteuer zuzulassen...ohne ihn würde es Afrika für mich nicht geben. Viel zu früh ist er von uns gegangen, aber ich spüre ihn als meinen Berater in meiner Visualisierungs-Suite für meine Fragen der Kreativität - und wenn ich ein Feedback brauche in scheinbar ausweglosen Situationen.

Ich widme dieses Buch auch meiner Frau und Tochter, meinen beiden „härtesten" Kritikern, die mich auch dann noch inspirierten, wenn ich einen anderen Weg gegangen bin. Erst durch sie und ihre unbegrenzte Lebenslust wurde mir die Bedeutung der eigenen Identität und der innere Status deutlich bewusst.

Die Kraft der Dankbarkeit und die Anziehungskraft der Liebe habe ich von meiner lieben Freundin Lizzy gelernt. Trotz eigener Schicksalsschläge hat sie nie aufgehört, Dankbarkeit zu zeigen und Liebe zu geben und beides wie ein Magnet umso mehr zurückzuerhalten: Dankbarkeit 3.0

Die Inspiration und Kreativität, dieses Buch zu schreiben – Menschen zu vermitteln, dass jedefrau und jedermann seine ganz persönlichen Erfolge mit wenigen und zugleich schon selbstbesitzenden Hilfsmitteln planen und erreichen kann – ist durch meine Freunde erst möglich geworden.

Haftungsausschluss

Dieses Buch enthält Meinungen und Ideen des Autors und hat die Absicht, Menschen hilfreiches und informatives Wissen zu vermitteln. Die enthaltenen Strategien passen möglicherweise nicht zu jedem Leser und es gibt keine Garantie dafür, dass sie auch wirklich bei jedem funktionieren.

Die Benutzung dieses Buches und die Umsetzung der darin enthaltenen Informationen erfolgt ausdrücklich auf eigenes Risiko. Der Autor kann für etwaige Schäden jeder Art aus keinem Rechtsgrund eine Haftung übernehmen.
Haftungsansprüche gegen den Autor für Schäden materieller oder ideeller Art, die durch die Nutzung oder Nichtnutzung der Information bzw. durch die Nutzung fehlerhafter und oder unvollständiger Information verursacht wurden, sind grundsätzlich ausgeschlossen. Das Werk inklusive aller Inhalte wurde unter größter Sorgfalt erarbeitet. Der Autor übernimmt jedoch keine Gewähr für die Aktualität, Korrektheit, Vollständigkeit und Qualität der bereitgestellten Informationen. Druckfehler und Fehlinformationen können nicht vollständig ausgeschlossen werden. Es kann keine juristische Verantwortung sowie Haftung in irgendeiner Form für fehlerhafte Angaben und daraus entstandenen Folgen vom Autor übernommen werden.

Copyright

Keine Zeit für Vernunft
Autor: Alexander Bollmann

1. Auflage
Lialas UG (haftungsbeschränkt),
Postfach 3233, 53315 Bornheim

ISBN 978-3-00-057345-3

In diesem Buch wird aus Gründen der besseren Lesbarkeit das generische Maskulinum verwendet. Leserinnen sind selbstverständlich in gleicher Weise angesprochen.

Vorwort I

Vorwort I

„The Champ is back“ war der alte und zugleich neue Slogan von Alexander, als wir Anfang des Jahres 2017 zusammen seine Vision und Mission anlässlich eines Coachings herausdestilliert haben. Als ehemaliger Weltmeisterschaftsqualifikant und Vize-Europameister im Bodybuilding hatte er in seiner Karriere schon sehr früh gelernt, was es braucht, um an der Spitze dabei zu sein und zu gewinnen. Nach seiner aktiven Karriere hat er sich als Dienstleister selbstständig gemacht. Seine 0815-Tätigkeiten haben ihn nicht mehr herausgefordert und er wurde dabei für seine Verhältnisse etwas träge. Von Jahr zu Jahr wurde Alexander unzufriedener mit seinem Geschäft und Lebensstil. Sein „Big Picture“ hat ihm gefehlt, resp. war für ihn nicht mehr sichtbar. Er war zuerst der Meinung, dass Bodybuilding mit Highperformance in seinem Geschäftsleben nichts gemeinsam haben. Doch Gott sei Dank hat er diese falsche Überzeugung hinterfragt und über den Haufen geworfen. Deshalb ist auch dieses spannende und sehr lehrreiche Werk entstanden, um anderen Menschen bei ihrem Erfolg zu unterstützen. Ich habe Alexander als motivierenden und lebensfrohen Mann kennengelernt. Er schafft es, andere Menschen zu begeistern und zum Handeln zu bewegen. Ich bin froh, dass der Champ wieder zurück ist.

Georgios Antoniadis, Coach & Trainer (www.elevation.ch)

Vorwort II

Vorwort II

Wer nicht kämpft, hat schon verloren!

2003 war das schwärzeste Jahr meines Lebens. Ich hatte innerhalb einer Woche drei Schlaganfälle, war halbseitig gelähmt, konnte weder sprechen noch schlucken. Doch ich habe mich dazu entschlossen zu kämpfen - für mein Leben, meine Familie, meine Zukunft. Mit diesem Willen habe ich mich zurückgekämpft. Mein größter Antrieb war sicherlich, nicht als Pflegefall zu enden. Ich wollte ein ganz normales Leben führen und alles selbstständig machen können. Egal ob Zähne putzen, essen oder mit meinem Sohn spielen. Ich wollte einfach nicht mit 34 im Rollstuhl sitzen und für so vieles Hilfe benötigen. Das war meine größte Motivation. Raus aus dem Loch!

Wenn man seit dem 5. Lebensjahr jeden Tag mehr als 2 Stunden trainiert und dazu die Wettkämpfe am Wochenende hat, dann weiß man, wie wichtig es ist, sich körperlich und mental fit zu halten. Denn im Training geht es nicht nur darum, seine Technik, die Schnelligkeit oder die Ausdauer zu verbessern. Man muss sich selbst kennen lernen, wissen wie man in Stresssituationen reagiert und lernen damit umzugehen. Hier war mein Freund, Mentor und Physiotherapeut Werner Kraß eine große Stütze für mich. Auf ihn konnte und kann ich mich auch heute noch immer verlassen.

Auch ein Sportler wie Alexander, der selbst aus dem Hochleistungssport kommt, weiß, was einem in solchen Momenten im Kopf vorgeht. Er weiß, was es heißt mental unter Druck zu stehen. In seinem Buch projiziert er dies nun auch auf das Leben außerhalb des Sports. Wie schafft man es, endlich eigene Entscheidungen zu treffen? Unabhängig davon, ob andere sie „vernünftig" finden. Was kann man tun, um sich nicht selbst zu begrenzen? Ziele beharrlich verfolgen, dabei aber nicht vergessen sich Zwischenziele zu setzen und vor allem auch Pausen einzulegen.

Diese Themen erachte ich als sehr wichtig in der heutigen schnelllebigen Zeit.

Sich selbst gut zu kennen und auch auf sich zu hören, das sollte an oberster Stelle stehen.

„Wer nicht kämpft, hat schon verloren". Dieses Motto hat mich immer begleitet und mich gerade im schlimmsten Moment damals am Leben gehalten. Heute halte ich darüber Vorträge, denn mir ist genauso wie Alexander wichtig, dass die Menschen sich bewusst machen, dass es immer die eigene Entscheidung ist, ob man am Boden liegen bleibt oder ob man seine Kräfte zielgerichtet mobilisiert und über sich hinauswächst. Denn jeder kann lernen mit Niederlagen umzugehen, die Rückschläge gewinnbringend zu verarbeiten und neue Wege zum Ziel entdecken. Alexander und ich möchten dich - jeder auf seine Weise - animieren, immer an dich selbst zu glauben, und fokussiert zu sein auf das, was du wirklich in deinem Leben willst!

Dein Alexander Leipold

Alexander ist 34-facher deutscher Meister, 4-facher Europameister und 2-facher Weltmeister im Freistilringen und Sieger der Olympischen Spiele 2000 in Sydney. Er war lange Jahre Bundestrainer der deutschen Freistilringer und wurde 2013 mit dem Verdienstkreuz am Bande der Bundesrepublik Deutschland ausgezeichnet.

www.alexander-leipold.de

Inhaltsverzeichnis

Kapitel I

1. Visionen – der Weg zum Erfolg

„Glück widerfährt Dir nicht – Glück findet der, der danach sucht" (Weisheit aus Marokko)

„Wenn ich groß bin, werde ich Feuerwehrmann!" – wie oft schmunzeln wir über die Kleinen, wenn diese im Brustton tiefster Überzeugung über ihre Pläne für die Zukunft sprechen. Wenn sie sich ausmalen, als Astronaut im Weltall zu schweben, als Ärztin vielen Kindern zu helfen oder endlich etwas gegen den Hunger auf der Welt zu tun, fällt es uns schwer, diese Leidenschaft aus vollem Herzen zu teilen. Wir lehnen uns dann mit unserer scheinbaren Überlegenheit des Alters zurück –haben uns doch die Erfahrungen gelehrt, dass das Leben noch viele Herausforderungen für die Kleinen bereithält, die sie mit großer Wahrscheinlichkeit auf ganz andere Lebenswege lenken werden.

Agieren wir damit aber wirklich überlegen? Sollten wir nicht vielmehr unsere Kinder darin bestärken, an ihren Vorstellungen festzuhalten, diese zu visualisieren und alles für ihre Verwirklichung zu tun? Wie viele Gedanken, die uns auf dem Weg zum Erfolg hindern, stammen aus solchen frühen Entmutigungen?

Und sind wir uns dessen – als Erwachsene – bewusst? Dabei ist es doch vollkommen unerheblich, ob wir auf dem direkten Weg zu unserem Ziel gelangen oder erst einige Kurven drehen, die wir auf den ersten Blick vielleicht als Abkürzung wahrgenommen hatten. Es ist auch unwichtig, ob und wie oft wir uns umorientieren werden, wenn unser Horizont sich Schritt für Schritt erweitert. Und das wird mit Sicherheit passieren. Verliefen denn unsere Lebenswege bisher immer konsequent von A nach B? Und ist B überhaupt noch das, was wir einmal für uns erreichen wollten? Sind wir noch bei uns, bei unseren einstigen Zielen, Werten und Idealen? Haben wir überhaupt noch Visionen?

Es gibt tatsächlich viele Gründe, von sich selbst abgelenkt zu werden: Der tägliche Kampf um Aufträge und Einkommen, um die Bewältigung der mannigfaltigen Aufgaben des Alltags und um die Balance zwischen Beruf und Privat fordert seinen Tribut und lässt uns zeitweise gar nicht mehr klar denken. Wir verstricken uns in Kleinigkeiten und verlieren so den Überblick, aber vor allem vergessen wir die Verhältnismäßigkeit in vielen Auseinandersetzungen. Umso wichtiger ist das Innehalten, Durchatmen und zur Vernunft kommen: Bringen uns diese Grabenkämpfe wirklich weiter, sind sie für uns wirklich wichtig? Bewegen wir uns noch in die gewünschte Richtung – oder irren wir plan- und ziellos durchs Leben, lassen uns von Notwendigkeiten jagen und von scheinbar Wichtigerem treiben?

Geben wir beispielsweise in ein Navi ein konkretes Ziel ein, dann können wir festlegen, ob wir auf dem schnellsten Weg und ohne Ablenkung dorthin gelangen wollen – oder ob wir lieber doch die kleinen Straßen abseits der Autobahnen wählen, um die Landschaft zu genießen und schöne Eindrücke zu sammeln. Wir kommen also in der Regel trotz aller Umwege an, das Navi richtet sich selbst dann wieder neu aus, wenn wir spontan abbiegen und den Vorgaben nicht blindlings folgen, sondern eigene Wege erforschen. Und doch hat das Navi unser Ziel im Visier: Es ermittelt unseren aktuellen Standort, gleicht diesen mit der Zielvorgabe ab und berechnet neue Routen. Was hier per Algorithmus funktioniert, vom Menschen programmiert wurde und mir als Metapher dient, darauf wirst Du in diesem Buch immer wieder stoßen: Entwickle einen Plan, wie Du Dein Ziel erreichst, bestimme eigene Grundsätze und Zwischenziele und verliere diese ganz unabhängig von der aktuellen Situation nie aus dem Blick.

Ein Navi für das eigene Leben „anschaffen"

Genau an diesem Punkt, der Ausarbeitung eines Plans, scheitern nach meiner Schätzung rund 90 Prozent der Menschen – und glaube mir, ich weiß, wovon ich spreche: Lebenswege sind in den seltensten Fällen geradlinig, irgendwie wäre das auch reichlich langweilig. Bei mir sah es beispielsweise danach aus, als würde das Bodybuilding zum Dreh- und Angelpunkt meines Lebens werden. Und doch kam alles ganz anders, zugegebenermaßen nicht ganz freiwillig. Ich tauschte mein Einkommen als Bodybuilder, das Du durchaus im sechsstelligen Bereich vermuten darfst, gegen ein Leben im afrikanischen Busch ein. Verrückt? Mag sein, in diesem Moment war es für mich das Richtige – und das ist bis heute so geblieben. Ich habe mir meinen „afrikanischen Traum" erfüllt, obwohl das zu diesem Zeitpunkt ein riskantes Spiel mit zahlreichen Unbekannten war. Eines kann ich schon vorwegnehmen:

Diese Erfahrung hat mich verändert, aber eben auch in einem Punkt bestärkt. Wenn Du etwas erreichen willst, eine Vision hast, dann unterscheidest Du Dich schon von vielen Mitmenschen in Deiner Umgebung. Du hast nämlich zumindest einen Zielort in Dein Navi eingegeben – oder zögerst Du noch?

Das könnte daran liegen, dass Du Dir selbst noch nicht darüber im Klaren bist, wer Du eigentlich bist und wohin Du Dich entwickeln willst – wie willst Du aber ohne diese Klarheit Dein Navi programmieren? Das wäre so, als wenn Du Deinem Navi mitteilst: „Fahre mich nach Hause", aber gar nicht weißt, wo Du wohnst, und folglich auch keine Heimadresse im Navi hinterlegt hast – auch das ist natürlich ein mögliches Lebenskonzept, keine Frage. Allerdings hast Du Deinem Navi die Möglichkeit der Orientierung genommen, des Prüfens und Abgleichens mit dem eigentlichen Ziel. Dass Du Dir so dieses unvergleichliche Gefühl verschaffst, das sich unweigerlich einstellt, wenn Du ein bestimmtes Vorhaben verwirklichen konntest, wage ich zu bezweifeln. Kennst Du das Gefühl, von dem ich hier spreche? Schon in meiner Zeit als Bodybuilder habe ich es lieben gelernt: Ich war bei jedem Wettkampf schon in der Vorbereitung, Monate vor dem Wettkampftag, auf Sieg „programmiert". Damit habe ich mich in jeder einzelnen harten Trainingseinheit motiviert und konnte dadurch manch eine Krise meistern. Kannst Du Deinen Traum, Dein Ziel oder Deine Vision wahr machen, werden alle Strapazen, Schmerzen und Entbehrungen von einer ungeheuren Woge aus Glücksgefühl, Zufriedenheit, Stolz und neuer Motivation einfach überrollt – und direkt vergessen. Das ist das Potenzial, das in jedem einzelnen Menschen steckt und nur geweckt werden will.

Genau an diesem Punkt kommt ein „Plan fürs Leben“ ins Spiel – und der sieht mit Sicherheit für Dich ganz anders aus als für mich, schließlich haben wir unterschiedliche Visionen. Das konkrete Ziel ist für andere Menschen auch vollkommen unerheblich, denn es soll genau auf Deinen Grundsätzen beruhen. Deine Grundsätze, das sind vor allem Deine Bedürfnisse: Das, was Dich und die Motivation zum Handeln ausmacht. Sind Dir zum Beispiel soziale Kontakte und Abwechslung wichtig, dann wird Deine Vision sicher völlig anders aussehen, als wenn Beständigkeit und Ruhe für Dich wichtige Bedürfnisse wären. Dabei musst Du tief in Dich gehen und Deine Gefühle prüfen, um zu sehen, welche Bedürfnisse wirklich authentisch, also wirklich Deine Bedürfnisse sind. Denkst Du nur, Du hast ein Bedürfnis nach Beständigkeit, weil Du so erzogen wurdest? Fühlst Du vielleicht tief in Dir eine unerkannte Abenteuerlust? Achte auch auf Deine Gefühle, wenn Du verschiedene Ziele visualisierst: Du wirst vielleicht überrascht sein, wenn Du Deine echten Bedürfnisse kennenlernst. Unter dem Strich wird Deine Vision aber etwas mit Selbstbestimmtheit zu tun haben, denn diesen Traum teilen die meisten Menschen: Endlich nicht mehr im Hamsterrad zu rennen, ohne irgendeine Aussicht, jemals irgendwo anzukommen oder auch nur innehalten zu können. Endlich selbst darüber zu bestimmen, was Du wann und wie machen willst – ohne diesen täglichen „Kampf ums Überleben“.

Ich spreche auch gerne vom Unterschied zwischen „abarbeiten" und „schaffen" – darauf gehe ich in einem späteren Kapitel noch genauer ein. Das, was ich Dir hier beschreiben will: Erfolg und Zufriedenheit, hat zweifellos etwas Leichtes, und erscheint angesichts der oft drückenden Probleme des Alltags verlockend. Und doch ist es realistisch – auch wenn Du es vielleicht (noch) nicht vor Dir sehen kannst.

Das heikle Thema Zufriedenheit

Zufriedenheit ist so eine zweischneidige Sache: Sie ist ein angenehmes Gefühl, wir haben doch offensichtlich etwas erreicht, das wir vorhatten. Da sind Befriedigung, Freude und Stolz durchaus angebracht – solange Du die nächste Etappe nicht aus dem Auge verlierst. Hier scheiden sich die Geister: Menschen, die in Ihrem aktuellen Umfeld zufrieden und glücklich sind, werden sich schwerlich weiter bewegen und entwickeln wollen. Warum sollten sie das auch tun, wenn sie ihre Situation aufrichtig und ehrlich positiv einschätzen? Sie werden am Status Quo festhalten und ihre Komfortzone nicht freiwillig verlassen. Das Risiko, dass sich diese jedoch verändert, ist allerdings nicht zu unterschätzen. Wie heißt es so schön? Stillstand ist Rückschritt – das denke ich auch.

Und trotzdem werden die Zeitgenossen, die trotz aller Erfolge immer so eine gewisse Unzufriedenheit in sich tragen, kritisch beäugt: Wäre es nicht besser, das bisher Erreichte zu schätzen und einfach mal zufrieden zu sein? Muss es immer vorwärts gehen? Reicht das nicht mal aus? Nach meiner Meinung unterscheiden sich hier die erfolgreichen Menschen von den weniger erfolgreichen, auch wenn das immer im Auge des Betrachters liegt: Einerseits bezweifle ich, dass es bei den meisten mit ihrer Situation zufriedenen Menschen keine heimlichen Wünsche und Ziele gibt. Sie haben sich nur in ihre Situation gefügt, mit den aktuellen Grenzen abgefunden und – jeden Ehrgeiz aufgegeben. Das ist an sich überhaupt nicht schlimm, aber eben auch nicht ehrlich. Andererseits liegt doch gerade in dieser permanenten Weiterentwicklung das Wesen des Menschen – wozu haben wir sonst all diese Fähigkeiten, dieses enorme Potenzial „mitbekommen"?

Die Gründe für eine gewisse Unzufriedenheit mit der eigenen Situation können vollkommen unterschiedlich sein: Reicht Dir vielleicht Dein Einkommen nicht aus, um finanziell unabhängig zu sein? Bemängelt Dein Freund eventuell die monotonen Arbeitsabläufe, denen er jeden Tag unterworfen ist und die ihm jegliche Kraft rauben – auch wenn er gut verdient? Es ist also wichtig, einmal ganz ehrlich in sich hinein zu lauschen: Welche

Aspekte Deines Lebens machen Dich unruhig, kosten Dich unnötig Kraft? Welche Aspekte hindern Dich daran, Dich um die wirklich wichtigen Dinge des Lebens zu kümmern? Ich war beispielsweise unzufrieden mit meiner Arbeit als Finanzierungsexperte, weil ich ganz anders gestrickt bin als ein Großteil meiner Kunden: Ich musste immer wieder feststellen, dass ich in anderen Mustern denke. Das lag daran, dass mich ganz andere Probleme umtrieben, ich mich aber auch von anderen Werten leiten ließ. Kannst Du Dich aber in einem solchen Job nicht ohne Mühe in Deinen Gegenüber hineinversetzen, dann kostet es Dich viel Kraft, zu einem für Deine Kunden guten Ergebnis gelangen. Es gab also einiges zu überdenken – und das habe ich ausführlich getan.

Zufriedenheit ist aber auch wichtig: Das gehörte zu meinen ersten Lektionen, als ich mit dem Bodybuilding begann. Damit meine ich aber nicht die scheinbare Zufriedenheit, wenn man einfach aufgehört hat, sich über sein frustrierendes, unzufriedenes Leben zu beklagen. Damit meine ich authentische Zufriedenheit – kein leichtes, aber ein lohnenswertes Ziel. Wenn Du ein Zwischenziel erreicht hast oder einfach einen schönen Tag erlebt hast, dann wirst Du nicht nur Dankbarkeit, sondern auch Zufriedenheit spüren. Diese gibt Dir einen kurzen Moment der Ruhe und Kraft, bevor Du Dich Deinem nächsten Ziel zuwendest. Mit der Zeit wirst Du lernen, diese echte Zufriedenheit von falscher Zufriedenheit zu unterscheiden – und die das gute Gefühl echter Zufriedenheit zu genießen und für Deinen Weg zum Erfolg zu nutzen. Das widerspricht nicht meinem Gefühl, Stillstand als sehr unbefriedigend zu empfinden: Es geht immer noch weiter. Aber wer Erfolge erlebt, darf sich auch die Zufriedenheit gönnen.

1.1 Wieso ist Erfolg etwas Persönliches?

„Jede Tür hat ihren eigenen Schlüssel"

(Weisheit vom Volk der Swahili in Kenia)

Damit sind wir schon bei einer grundlegenden Frage, von deren Beantwortung alles Weitere abhängt: Wie definieren wir Erfolg? Die Antworten dürften ebenso vielfältig ausfallen, wie wir Menschen uns voneinander unterscheiden. Was bedeutet Erfolg also für Dich? Ich kann nur von mir sprechen und für mich persönlich hat Erfolg nicht in erster Linie mit Geld zu tun oder damit, sich möglichst viele materielle Dinge anschaffen zu können. Auch wenn jemand einen sportlichen Wettkampf gewinnt oder nach einer Krankheit oder Verletzung wieder zurück zu seiner alten Form gelangt, würden wir sagen, er war erfolgreich. Außerdem geht mir nicht einmal nur um das Erreichen eines bestimmten Ziels. Erfolg beginnt eigentlich deutlich früher, mit dem Weg des Erfolges: Schon die Phase, in der ich mir einen Plan mache, wie ich meine Ziele erreichen kann. Und das gilt in jedem Lebensbereich. Es ist bereits eine große Leistung, die uns von der Mehrheit unserer Mitmenschen abhebt, wenn wir wissen, welche Ziele wir verfolgen und welche Wünsche wir hegen. Natürlich empfinden viele Menschen gewisse Bedürfnisse, diese

Bedürfnisse bleiben jedoch meist diffus: Sie sind nicht in der Lage, aus einem vagen Wunsch ein klares Ziel zu formulieren. Sie haben vielleicht sogar eine Vision, doch es fehlt die Definition der notwendigen Schritte, die zur Verwirklichung notwendig sind. Erst dieser entscheidende Sprung bringt Dich auf den Weg zum Erfolg: Eine Vision muss zum klar abgesteckten Ziel werden, an dem Du Dich wie ein Navigationsgerät immer wieder ausrichten kannst.

Nun bedeutet Erfolg nicht für alle Menschen dasselbe. Letztendlich prägen unsere Persönlichkeit, unsere individuellen Lebensvorstellungen und natürlich auch die momentane Situation, was wir für ein Ziel für uns erstrebenswert ist. Wird eine alleinerziehende Mutter von drei Kindern das gleiche Ziel verfolgen wie ein Investmentbanker? Sicher nicht. Kämpft die eine ganz alleine darum, ihren Kindern all das mitzugeben, was diese später für ein erfolgreiches Leben benötigen, wird sich der andere wahrscheinlich in ganz anderen Sphären bewegen. Daher haben wir unterschiedliche Visionen: Weil jeder Einzelne von uns andere Bedürfnisse hat, die wiederum auf wahrscheinlich gänzlich verschiedenen Erfahrungen beruhen. Diese unterschiedlichen Bedürfnisse zu bedenken, ist ein weiteres wichtiges Thema.

Das Thema „Erfolg“ ähnelt damit anderen großen Begriffen, die individuell empfunden und interpretiert werden, wie beispielsweise dem Glück. Bleiben wir aber bei unserem Beispiel: Sowohl unsere alleinerziehende Mutter als auch der Investmentbanker freuen sich mit Sicherheit über eine gewisse finanzielle Sicherheit – aber aus unterschiedlichen Motivationen heraus. Vielleicht benötigt der Investmentbanker ein finanzielles Polster, um sich aus seinem anstrengenden Angestelltenverhältnis zu befreien und eine eigene Firma gründen oder eben seinem Leben eine komplett andere Richtung zu geben. Im Gegensatz dazu wird die Mutter darauf aus sein, ihren Kindern ein sorgenfreies und glückliches Leben bieten zu können, sie pünktlich zur Schule zu bringen und vor allem die Freizeit so intensiv wie möglich mit ihnen zu verbringen. Die Prioritäten sind also komplett unterschiedlich gesetzt. Welche Beweggründe auch immer unsere beiden Protagonisten antreiben: Sie leiten aus diesem Ziel die Handlungsschritte und vor allem die zur Umsetzung notwendige Energie ab.

Finde Deinen eigenen Weg!

Der nächste wichtige Schritt auf Deinem Weg zum Erfolg liegt nun also vor Dir: Dein Navi will programmiert werden – welchen Weg Du zu Deinem Ziel nimmst, liegt ganz bei Dir. Wesentlich ist allerdings, dass Du Deinen eigenen Plan Etappe für Etappe umsetzt. Dem Schauspieler Marlon Brando (1924–2004) wird folgendes Zitat zugeschrieben: „Nur wer seinen eigenen Weg geht, kann von niemandem überholt werden." Darin steckt viel Weisheit, wie ich meine. Brennen wir nämlich für unser Ziel, werden wir mit dieser Leidenschaft und auf unseren eigenen Wegen schneller und leichter dort ankommen, als ohne diese Motivation. Es ist also vollkommen unabhängig, welcher Art unser Ziel ist: Wenn es sich richtig anfühlt, werden wir alles dafür geben. Dazu muss es zu unserer Persönlichkeit passen, aber auch unseren Bedürfnissen entsprechen. Weichen wir davon ab, steigt das Risiko, dass wir relativ schnell aufgeben und von anderen überholt werden – nämlich von denen, die wirklich für ihr Ziel brennen. Wenn wir also nur etwas oder jemanden nachahmen wollen, aber gar nicht aus vollem Herzen hinter unserem Ziel stehen, weil es nicht zu uns passt oder wir lediglich einem Vergleich standhalten wollen, schrumpfen unsere Aussichten auf Erfolg: Dieses Ziel ist nicht unser eigenes, wir können daraus nicht ausreichend Motivation ziehen.

Häufig beginnt diese Fehlleitung ja schon in jungen Jahren, wenn uns gut gemeinte Ratschläge zuteil werden: „Kind, mach doch besser diese Ausbildung zum Kaufmann, dann hast du wenigstens etwas Solides." Mangels Mut, Engagement oder Phantasie sprechen wir nicht dagegen, obwohl wir intuitiv längst wissen, dass dies nicht unser Lebenstraum ist: Wir würden vielleicht viel lieber Kunstgeschichte studieren oder ganz einfach einem Handwerk nachgehen. Es bedarf oft eines Lernprozesses, sich selbst und seine Bedürfnisse wahrzunehmen und ihnen treu zu bleiben. Dieses gute Gespür für sich selbst hat auch mit Selbstbewusstsein im wahrsten Sinne des Wortes zu tun, mit diesem Wissen um und Vertrauen in die eigenen Fähigkeiten: Ich will das, ich kann das und ich ziehe das durch. Bist Du Dir noch nicht sicher, welches Ziel Dein Weg haben soll, ist jetzt die Zeit dafür, Dir ausführlich dazu Gedanken zu machen.

Dass es „Dein Weg" sein soll bedeutet aber nicht, dass Du ihn willkürlich gestalten sollst: So wie Dein Ziel, findest Du auch Deinen Weg zwischen Deinen Bedürfnissen, Emotionen und Wünschen. Das sind dann Dein Ziel und Dein Weg in dem Sinn, dass sie Deiner Motivation entsprechen. Stell es Dir etwa so vor wie manche Waffen, die man aus Sagen und Mythen kennt. Diese können nur von ihrem Besitzer aus dem Stein gezogen oder angehoben werden, zum Beispiel Exkalibur oder Thors Hammer. Dein eigenes Ziel und Dein eigener Weg werden für Dich erreichbar sein, egal, wie schwer es Außenstehenden erscheint, weil sie genau zu Deinen Bedürfnissen und Wünschen passen und Du deshalb die Kraft und Motivation haben wirst, den Weg bis zum Ziel zu gehen. Behalte dieses Bild, für den Fall, dass jemand Deine authentische Vision anzweifeln möchte – authentisch im Sinne von wahrhaft Deine.

Definiere Deine Bedürfnisse und Wünsche klar und deutlich!
Beginnen wir also mit dem ersten Schritt: Du solltest Dir über Deine Wünsche und Bedürfnisse klar werden und Dir ein detailliertes, lebendiges Bild davon machen: Du sollst sie visualisieren. Genau dabei möchte ich Dir helfen und Dir von meinen Erfahrungen auf meinem Weg zur Seite stehen. Du wirst schnell feststellen, dass meine Reise keinesfalls gleichförmig auf geraden Straßen verlief. Ich habe manche Abzweigung genommen, die Richtung komplett gewechselt und konnte nicht immer das Tempo durchhalten, das ich mir vorgenommen hatte. Das hatte ganz unterschiedliche Gründe, hat mich aber nie davon abgehalten in irgend einer Form weiterzumachen – aber dazu später mehr. Ich möchte gemeinsam mit Dir Deine ganz individuellen Erfolge feiern.

Was bedeutet es denn, wenn ich ständig von einem „persönlichen Weg“ spreche? Auf den Punkt gebracht, bedeutet das: sich ein persönliches, authentisches Ziel zu setzen, die notwendigen Schritte und Zwischenziele abzustecken und diese bewusst zum Ziel zu zu verfolgen – das heißt, den Erfolg zu planen, beziehungsweise den Weg des Erfolgs zu gehen. Daraus für jeden Tag und immer wieder aufs Neue Aufgaben abzuleiten, die Dich weiter an Dein Ziel heranbringen – so kannst Du Dir Schritt für Schritt zielstrebig den gewünschten Erfolg erarbeiten. Seien wir ehrlich, dafür brauchst Du etwas Mut und Durchhaltevermögen. Auf der anderen Seite lockt die Befriedigung, Dein Ziel zu erreichen, von dem Du schon so lange träumst – da sind Mut und Durchhaltevermögen doch nur ein kleiner Einsatz, oder? Außerdem wird der Weg, wenn es der richtige ist, mit jedem Schritt etwas leichter.

Nun wird Dir sicher auch klar, warum es so wichtig ist, dass Dein Ziel wirklich zu Dir, Deinen Wünschen und Bedürfnissen passt: Nimmst Du Dir etwas vor, was vielleicht Deinen Chef beeindrucken oder Deine Eltern zufriedenstellen soll, wirst Du auf Deinem Weg immer einen gewissen Widerstand fühlen. Das hindert Dich jedoch daran, Dein enormes Potenzial an Kreativität und Energie auszuschöpfen und in Deine Vision zu investieren. Du wirst nicht 100 % authentisch sein und deshalb auch nicht 110 % motiviert sein können. Verfolgst Du aber eine eigene Vision, wirst Du genau das Gegenteil verspüren: Sie wird ungeahnte Kräfte in Dir freisetzen, statt Dir diese zu entziehen. Natürlich gehören auch Zweifel dazu, wenn Du Dich auf den Weg machst, aber das positive Gefühl ist viel stärker und wird Dir dabei helfen, diese zu überwinden. Wenn Du vollkommen hinter Deiner Vision stehst, dann wirst Du sie auch verwirklichen können. Genau dabei möchte ich Dich gerne unterstützen und Dir die eine oder andere hilfreiche Abkürzung auf Deinem Weg an die Hand geben.

Beginnen wir mit einer einfachen Übung: Stell Dir vor, wo Du Dich in einem bestimmten Bereich oder auch insgesamt gerne sehen würdest. Wie zeigt sich Dir Deine Vision? Sollte das Bild zunächst noch unkonkret sein, kein Problem. Du wirst es mit der Zeit an Klarheit ausfüllen, bis Du es in jedem Detail vor Dir siehst. Das Bild, Deine Vision, wird sich anfühlen, als wenn es bereits geschehen ist: Du wirst lernen, Deinen Erfolg auf dem Weg jeden Tag betrachten zu können, um Dich zu motivieren. Deine Vision ist Dein persönlicher übergeordneter Wunsch – der Punkt, den Du gerne erreichen möchtest. Die logisch zwingende Frage lautet also: Wie kommst Du dort hin? Wie kannst Du Deine Vision Wirklichkeit werden lassen? Doch keine Angst, Du musst nicht aus dem Stand einen Marathon laufen. Du solltest Dir zunächst kleine Etappenziele stecken. So wird jeder Fortschritt ein Erfolg.

Entwickle Deinen Erfolgs-Plan!

Zunächst setzt Du Dir also die einzelnen Teilziele, die Du zur Verwirklichung Deiner Vision erreichen musst. Dabei solltest Du eines nicht vergessen: Erfolg beginnt bereits dann, wenn Du die ersten Schritte auf Dein Ziel zugehst – nicht erst dann, wenn Du es erreichst! Jedes einzelne Teilziel bekommt nun einen ganz konkreten Plan, der Dir für jeden Tag die verschiedenen Schritte aufzeigt, die Dich immer weiter Deinem Ziel entgegentragen. Das können die unterschiedlichsten Maßnahmen sein, wie beispielsweise eine bestimmte Anzahl an Kundentelefonaten, der Aufbau Deiner Webseite oder aber mehr Zeit für die Familie. Schnell wirst Du feststellen, dass Dich jeder einzelne erledigte Schritt nicht nur weiter in Richtung Deiner Vision bringt, sondern auch ein gutes Gefühl in Dir freisetzt: Du hast Dir etwas vorgenommen und hast es erledigt. Das ist ein Erfolg!

In meiner Zeit als Bodybuilder hatte ich vor Wettkämpfen einen detaillierten Trainingsplan, in dem einzelne Phasen und Etappen mit jeweiligen Zielen klar definiert waren – für ein halbes Jahr im Voraus. Selbst meine Diät war in diesem Plan strikt geregelt und es gab Masse- und Definitionsphasen. All diese Planung diente lediglich dem einen Zweck: der optimalen Form am Wettkampftag. Aber auch die Wettkämpfe waren eigentlich Teilziele: Auf die Landesmeisterschaften folgten die Deutschen Meisterschaften, die Europameisterschaften und die WM. Solche Teilziele kann man sich beispielsweise auch im Vertrieb setzen: in Form von Monats- und Quartalszielen. Aber Du wirst auch sehen, dass Tagesziele ein wirksames Instrument sein können, um Erfolg zu lernen.

Besonders wichtig ist dabei, dass Du jeden Tag auch kleine Ruhepausen einplanst und diese ganz bewusst wahrnimmst. Diese Auszeiten geben Dir den Raum, alle Gedanken loszulassen – das ist wirst Du brauchen. So kannst Du Dich im Anschluss wieder voller Energie auf Deinen Plan konzentrieren und bleibst effizient. Es ist Deinen Vorlieben überlassen, wie Du die Pausen gestaltest: Sei kreativ, tue gar nichts oder genieße die Zeit bei einem gemeinsamen Essen mit Familie oder Freunden. Die Hauptsache ist, dass Du eine bestimmte Zeit lang Abstand zu Deinen Aufgaben hältst und Deine Gedanken einfach mal schweifen lassen kannst. Ich habe die Erfahrung gemacht, dass diese Ruhepausen oft eine völlig neue Art von Kreativität in mir freisetzen. Damit kann ich viel produktiver sein, als wenn ich die Pausen weggelassen und durchgearbeitet hätte. Klar, Du arbeitest an Deinen Zielen und hast vielleicht gar kein Bedürfnis nach einer Pause – aber glaube mir, diese kleinen Auszeiten werden Dich wirklich weiterbringen. Probiere es einfach aus!

1.2 Du ziehst an, was Du ausstrahlst

„Größe und Achtung eines Menschen kommen aus ihm selbst.“ (Suaheli-Weisheit aus Kenia)

Es ist keine grundlegend neue Erkenntnis, aber sie ist ausgesprochen mächtig: Du ziehst das in Dein Leben hinein, was Du nach außen hin mit Deiner Ausstrahlung vermittelst. Es ist wirklich erstaunlich, das wirst Du schnell feststellen. Gehst Du mit einer Vision durchs Leben und nutzt die so in Dir freigesetzte Energie konsequent aus, dann wirst Du automatisch Menschen anziehen, die eine ähnliche Einstellung haben – und natürlich umgekehrt. Lässt Du Dich durchs Leben treiben, gibst Deiner Umgebung die Schuld an Deinen Problemen und ergibst Dich in Dein vermeintliches Schicksal, dann wirst Du auch bevorzugt auf andere resignierte Menschen treffen. Für die Erfolgreichen strahlst Du nämlich nichts Attraktives aus, sie verstehen Dich ganz einfach nicht.

Es liegt also bei Dir, Deine Energie auf Deine Vision zu konzentrieren und offenen Auges durch die Welt zu gehen. Du kannst sie gar nicht verfehlen: die Gleichgesinnten, die Dich ein Stück weit auf Deinem Weg begleiten werden. Und das ist wichtig, denn

Ihr könnt Euch austauschen und so gegenseitig weiterbringen. Vor allem aber wirst Du eine Menge Kraft aus diesen Kontakten ziehen können, wenn sich Hindernisse auftun und Du vielleicht von den Erfahrungen anderer profitierst oder Deinerseits Ratschläge geben kannst.

Den größten Effekt erreichst Du, wenn die Menschen in Deiner Umgebung die gleiche Vision haben wie Du. Arbeitest Du allerdings mit einem Freund zusammen, der sich kreativ verwirklichen und aus dem stressigen Arbeitsalltag aussteigen will, während Du einen Karrieresprung planst oder als Selbständiger Deine Umsätze auf ein neues Level bringen willst, dann bringt Dich das nur bedingt weiter. Eure Wege müssen dann naturgemäß vollkommen unterschiedlich sein. Trotzdem kannst Du selbstverständlich von der Entschlusskraft Deines Freundes profitieren, der aus der vermeintlichen Sicherheit eines Angestelltenverhältnisses aussteigt. Das ist schon ein Erfolg, wie Du weißt: sich ein Ziel zu setzen und konkrete Pläne zu schmieden und das Ziel dann auch zu erreichen. Wenn der Ausstieg aus dem Berufsleben dazu notwendig ist und Dein Freund das durchzieht, dann ist das ein Riesenschritt in Richtung Erfolg für ihn – schließlich kann Dein Freund, wie bereits erwähnt, unter Erfolg etwas ganz anderes verstehen als Du. Allein die Tatsache, dass er eine Vision verfolgt, macht ihn für Dich dennoch wertvoll. Triffst Du aber auf

Menschen, die Deine Vision teilen – und das wird unweigerlich passieren – dann wirst Du einen noch größeren Schub verspüren.

In meinem Leben haben sich viele wichtige und entscheidende Dinge durch die richtigen Freunde ergeben: Ich hatte Mentoren, treffe mich regelmäßig mit Unternehmern und einem Coach und bin vielen inspirierenden Menschen begegnet. Diese Menschen haben mir neue Perspektiven und Möglichkeiten gezeigt, mir wertvolle Hinweise für meinen Weg gegeben und waren insbesondere an schwierigen Abschnitten meines Weges eine wichtige Stütze. Wichtig sind hierbei übereinstimmende Werte und Bedürfnisse – man nennt das auch „auf einer Wellenlänge sein". Wenn Du aber mit Menschen zu tun hast, vielleicht Kunden, oder Kollegen oder Freunden, deren Bedürfnisse anders gelagert sind als Deine, kann dies schnell zu frustrierenden Situationen führen. Wie die Werte gelegen sind, kannst Du mit einer so genannten Limbischen Karte bildlich anschauen. So kannst Du auch prüfen, wie Deine Werte mit Menschen, mit denen Du täglich zu tun hast, übereinstimmen oder nicht übereinstimmen. Frust kann zum Beispiel entstehen, wenn Dir Freiheit, Kreativität und Selbstbestimmtheit wichtig sind, während Deinem Geschäftspartner Planbarkeit und Sicherheit wichtig sind. Ihr werdet dann jeweils unterschiedliche Visionen entwickeln und verfolgen und Situationen verschieden bewerten – es wird also sehr schwer werden, gemeinsame Lösungen zu finden, mit denen jeder zu 100 % zufrieden ist.

Wie aber werden Dich andere Menschen als das erkennen, was Du bist? Das kannst Du gar nicht verhindern, wenn Du wirklich hinter Deiner Vision stehst, sie Dir bewusst machst und vor allem authentisch bleibst. Es bringt Dir nichts, Dich mit einem Anzug zu behängen, der Dir nicht passt: Du bist damit nicht echt – und Dein Gegenüber wird das spüren. Bist Du Dir aber selbst bewusst, Deiner Stärken ebenso wie Deiner Schwächen, dann strahlst Du eine bestimmte Energie aus. Der Begriff, „sich auf einer Wellenlänge zu bewegen", kommt nicht von ungefähr: Verfolgen andere Menschen ähnliche Ziele, dann werden Sie, genau wie Du, bei einer Begegnung eine bestimmte Resonanz spüren, die anziehend wirkt.

Das mag kompliziert klingen, aber keine Sorge, es passiert schon in Deinem Unterbewusstsein: Entwickelst Du einen Gedanken, lenkst Du Energie auf ein bestimmtes Thema, das so „wachsen" kann. Vielleicht kannst Du Dich an Deinen Physikunterricht erinnern? Treffen Energien mit der gleichen Schwingungsfrequenz zusammen, verstärkt sich diese Schwingung. Auf der anderen Seite können sich gegensätzliche Schwingungen ausgleichen und, einfach ausgedrückt, in ihrem Effekt verpuffen.

Daher ist die Bezeichnung „auf einer Wellenlänge sein“ auch gar nicht so unpassend.

Eine Frage der Gelegenheiten – oder?

Es gehört zu den vielen fantastischen Eigenschaften, die uns Menschen ausmachen: dieses besondere Gespür für Gleichgesinnte. Ist es Dir schon einmal passiert, dass Du Dich mit einem Thema beschäftigst und ausgerechnet auf Bücher oder Filme stößt, die sich damit befassen – oder eben auf entsprechende Menschen? Das kommt nicht von ungefähr, denn Du fokussierst einerseits Dein Bewusstsein auf dieses Thema, andererseits verändern sich Dein Auftreten, Dein Vokabular und die Fragen, die Du an Deine Umgebung richtest. Du sendest also bestimmte Signale aus, sowohl bewusst als auch unbewusst, und erhältst entsprechende Reaktionen zurück.

Beginnst Du also, an Deiner Vision und dem Umsetzungsplan zu arbeiten, dann sei authentisch. Das bedeutet, wirklich ein Ziel zu visualisieren, das Deinen Werten und Bedürfnissen entspricht – und das Dich so sehr motiviert, dass Du mit jeder Faser Deines Körpers darauf zustrebst. Geh dann aufmerksam durchs Leben: Du wirst zwangsläufig auf alles stoßen, das Dich bei der Umsetzung unterstützt. Wichtig ist es natürlich, diese

Gelegenheiten zu erkennen und gezielt zuzugreifen. Handelt es sich dabei um Menschen, die ebenfalls ihrer Vision folgen, bist Du in bester Gesellschaft. Ihr werdet Euch verstehen, ohne viel sagen zu müssen – und das ist ein Geschenk. Gleichzeitig musst Du nicht mehr begründen, warum Du bestimmte Dinge machst und andere eben nicht mehr, warum Du Deine Zeit planst, um sie effizient auszulasten oder eben ganz bewusst eine Ruhepause einzulegen. Du ersparst Dir damit kraft- und energiezehrende Diskussionen. Und dieses Festhalten an einer exakten Planung ist nun einmal der Dreh- und Angelpunkt, der Dich auf Deinem Weg zum Erfolg weiterbringen wird.

Kapitel II

2. Auch Erfolge brauchen einen Trainingsplan

„Können wird nicht eingesammelt, es wird erlernt"

(Weisheit aus Sambia)

An einem etwas schwierigeren Punkt in meinem Leben, an dem ich sehr unzufrieden und frustriert mit meiner Tätigkeit war, brachte mich ein Coach wieder gedanklich zu meinen Ursprüngen, zu meiner Vergangenheit als Wettkampf-Bodybuilder zurück. Zu dieser Zeit war ich zufrieden gewesen und hatte Glück, Erfolg und tiefe Dankbarkeit erlebt. Und wie damals fand ich auch dieses Mal über einen Trainingsplan meinen Weg zurück zu einer authentischen und erfolgreichen Haltung. Denn so viel habe ich in meinem Leben gelernt und ich werde auch nicht müde, es zu wiederholen: Ohne einen Plan sind wir sehr wahrscheinlich ziellos, frustriert und unzufrieden – wie die große Mehrzahl der Menschen, die sich zwar vielleicht Ziele vornehmen, aber keinen Plan dafür entwickeln. Und mit dem richtigen Training kannst Du auch üben, erfolgreich zu sein!

Meine Zeit als Bodybuilder war von hartem Training geprägt: An manchen Tagen stand ich bereits morgens halb 6 an den Hantelbänken. Damals wie heute ist es wichtig, täglich seinem Plan zu folgen – dafür wird man mit dem Erfüllen von Zwischenzielen belohnt. Außerdem ist es wichtig, eine Vision von seinem Ziel zu haben, um das Training trotz aller Härten zu durchzuhalten. Eine solche Vision, mit den entsprechenden positiven Emotionen aufgeladen, gibt mir ein entsprechend gutes Gefühl und die Kraft, weiterzumachen. Natürlich kann es auch passieren, dass sich etwas verändert und wir unsere Ziele und Pläne anpassen müssen. Das ist mir selbst mehrfach passiert – aber man kann dennoch immer wieder authentisch seinen Zielen folgen. Man muss es sogar: Man kann nicht vollständig authentisch sein, wenn die Ziele falsch gesteckt oder nicht klar genug visualisiert wurden. So hat auch mein Weg vom schmächtigen Realschüler zum Bodybuilder, von dort zum Investmentberater und über das Abitur bis zum Uni-Absolventen mit Masterabschluss geführt – und vielleicht führt er noch bis zum Doktortitel weiter. Darauf werde ich später noch genauer eingehen.

Ich bin überzeugt, dass Stillstand nicht zum genetischen Programm des Menschen gehört. Wir verändern uns, streben danach, uns weiterzuentwickeln – warum hätten wir sonst all diese Potentiale und Fähigkeiten, die wir mit dem passenden

Ziel und dem richtigen Training abrufen können? Nur knapp zehn Jahre nachdem ich als schmächtiger, nicht besonders großer 13jähriger Junge die ersten Bodybuilding-Posen vor dem Spiegel übte, wurde ich als Bodybuilding-Vize-Europameister auf der Bühne bejubelt. Auf dem Höhepunkt meiner Karriere hörte ich auf, wurde Afrika-Abenteurer und Finanzberater. Auf die Details gehe ich im weiteren Verlauf noch genauer ein, möchte aber vorwegnehmen, dass das richtige Training uns auf alle möglichen Lebenslagen vorbereitet. Gerade aus meiner Zeit als Wettkampfsportler kann ich mir dabei wertvolle Lektionen ziehen.

2.1 Sport: Der Lehrer für mentale und körperliche Stärke

„Schnelles Laufen ist keine Garantie, das Ziel zu erreichen.“ (Weisheit vom Volk der Shona aus Simbabwe)

Als ich ein Kind war, hätte wohl niemand vermutet, dass ich einmal bei Europa- und Weltmeisterschaften im Bodybuilding Erfolge feiern würde. Ich war nie der größte Junge in meiner Klasse und auch nicht der stärkste. Ich habe mich auch nicht durch besonderen Ehrgeiz oder gute Leistungen hervorgetan – nur Mathe und Physik fielen mir recht leicht, weil ich diese Fächer interessant fand. Für meine ersten Trainingsstunden hatte ich heimlich den Tennis- und Trompetenunterricht geschwänzt und wurde von vielen für meine Pläne belächelt. Doch seit ich die ersten Bodybuildermagazine in der Hand hielt und die beeindruckenden Muskeln und selbstsicheren Posen sah, fühlte ich, dass es das war, was ich wollte.

Im Fitnessstudio fand ich auch meinen ersten Mentor. Er war der Vater der Inhaberin und ein bekannter, etwas älterer Bodybuilder. Von ihm lernte ich meine ersten wichtigen Lektionen: Er brachte mir Geduld und Demut bei. Außerdem habe ich von ihm gelernt, meine Erfolge zu zelebrieren – nicht nur blind nach vorne zu stürzen, sondern mir auch die Zeit zu nehmen, mit meinen Leistungen und meinem Weg zufrieden zu sein. Ein Thema, an dem ich übrigens heute noch arbeite. Nach einer Weile wechselte ich das Studio und lernte, welchen Einfluss das Umfeld auf die Motivation hat. Im neuen Studio trainierten Wettkampfsportler, deren Ehrgeiz und Motivation mich sofort ansteckte. Hier fand ich einen neuen Mentor, der mich mit neuen Trainingskonzepten auf den Leistungssport vorbereitete. Ich spürte im neuen Umfeld eine starke Energie und war bereit, mich ganz auf den Wettkampf und das dafür notwendige harte und aufwändige Training einzulassen. Der Wechsel des Mentors hat mir an dieser Stelle einen großen Sprung ermöglicht: Das Training wurde härter und die Diäten strenger. So wichtig, wie ein Mentor ist – es ist auch wichtig, die Augen offen zu halten, um sich mit neuen Mentoren noch weiter entwickeln zu können.

Mit dem stärkeren Fokus auf den Wettkampf erlebte ich den ganzen Sport noch einmal ganz neu. Es kamen viele psychologische Elemente hinzu, wenn ich mich auf Meisterschaften vorbereitete. Ich lernte, mich mental auf den Bühnenauftritt einzustellen – bis ich zur Europameisterschaft fuhr und dabei die unumstößliche Überzeugung in mir trug, mir dort einfach nur den Pokal abzuholen. Das tat ich dann auch – ich fuhr als Vize-Europameister nach Hause. Doch der Weg dorthin war natürlich weit: Zunächst musste ich lernen, den Erfolg zu visualisieren. Das Visualisieren half mir aber nicht erst auf der Bühne, sondern ich begann damit in dem Moment, in dem der Termin für einen Wettkampf feststand. Hierfür verwendete ich ein starkes Bild: Die Erinnerung an meinen ersten Auftritt mit 17 Jahren. Ich war damals zwar noch eher mäßig gut, aber noch sehr jung, und so wurde ich warmherzig und mit viel Applaus empfangen. Ich habe über die Jahre gelernt, mir diese Erinnerung in immer mehr Details vor Augen zu rufen: Jedes Geräusch, selbst Gerüche und Geschmäcker habe ich aus meiner Erinnerung dem Bild zugefügt, so dass es jedes Mal ein intensives Erlebnis ist, es aufzurufen. Dann habe ich positive Emotionen mit dem Bild verbunden, so dass es jedes Mal starke positive Gefühle in mir auslöst. Viele der Härten des Wettkampftrainings kann man überhaupt nur durchstehen, wenn man ein solches starkes Bild visualisiert, um sich zu motivieren. Außerdem kann ich die Bilder und Gefühle nutzen, um den Gewinn eines zukünftigen Wettbewerbs eindrucksvoll zu visualisieren – so kann ich mein Selbstbewusstsein direkt vor dem Auftritt für alle spürbar steigern.

Das Selbstbewusstsein ist insbesondere beim Bodybuilding ein wichtigeres Thema, als es mir zunächst bewusst war. Tatsächlich ist ein wichtiger Bestandteil von Wettkämpfen, die Gegner zu verunsichern. Zum Beispiel, indem man sie in der Umkleidekabine fragt, warum sie so blass aussehen. Ich habe mir viele solche Tricks von Bodybuilding-Ikonen, wie Arnold Schwarzenegger, abgeguckt und mir damit in der Szene irgendwann den Spitznamen „Action-Alex“ eingehandelt. Mein eigenes Selbstbewusstsein war durch die Visualisierung und den engen Fokus, den man durch die lange Vorbereitungszeit ausbildet, nicht leicht zu erschüttern. Das führte mich zu weiteren Erfolgen und weitere Erfolge machten meine Visualisierung stärker und ließen mein Selbstbewusstsein weiter wachsen. Die psychologischen Aspekte, das mentale Training – das wurde für mich irgendwann der „wahre Wettkampf“.

Was mir vom Sport geblieben ist

Meine Visualisierungen aus den Wettkampfzeiten helfen mir auf kuriose Weise auch heute noch gelegentlich. Ich hatte mich einmal etwa sechs Wochen vor einem Wettkampf an der Schulter verletzt und mein Arzt riet mir von der Teilnahme ab. Doch ein Mentalcoach half mir: Er unterstützte meine Visualisierung meines Erfolges und die Visualisierung wurde so stark, dass ich schmerzfrei am Wettkampf teilnehmen konnte – die Schmerzen kamen erst wieder, als der Wettkampf vorbei war und ich die Bühne verließ. Heute spüre ich meine Schulter noch manchmal – aber ausnahmslos an Tagen, an denen es mir nicht besonders gut geht. Wenn ich dann aus Gewohnheit meine Erfolge visualisiere, um die Schmerzen loszuwerden, fühle ich mich hinterher allgemein besser: Die sehr starke positive Visualisierung kann aus einem schlechten Tag einen guten Tag machen. Man kann schließlich nicht gleichzeitig positive Emotionen, wie Glück und Zufriedenheit, und schlechte Emotionen, wie Frust und Schmerz, fühlen. Doch dies ist nur einer der vielen Wege, wie meine Wettkampfsport-Karriere mein Leben und meinen Weg positiv beeinflusst hat.

Ich kann über mich selbst sagen, dass meine Vergangenheit im Wettkampfsport mir sehr viel für mein Leben mitgegeben hat. Eine Sportkarriere ist aber keine Voraussetzung für ein zufriedenes, erfolgreiches Leben – genausowenig, wie sie automatisch zu den gleichen Resultaten führt, wie bei mir. Ich habe auch Karrieren scheitern gesehen und bin dankbar dafür, an einem Punkt meiner Karriere aufgehört zu haben, bis zu dem ich erfolgreich war. Ich konnte in meiner aktiven Zeit viele wichtige Dinge lernen: von Geduld und Demut bis hin zu emotionaler Visualisierung. Ich konnte auch lernen, zu welchen Höhen man gelangen kann, wenn man sich ein Ziel setzt, dieses Ziel eindrucksvoll visualisiert und dann mit 110 % Motivation verfolgt. Natürlich kann man solche Techniken auch außerhalb des Wettkampf-Bodybuilding lernen und natürlich kann man auch auf anderen Wegen Erfahrungen von Motivation und Erfolg machen. Auch Mentoren finden sich nicht nur beim Bodybuilding. Dies war allerdings ein Weg, den ich gegangen bin – und den ich dann auch wieder verlassen habe, um neue Ziele und neue Wege zu diesen Zielen zu finden. Auch auf diese Entscheidungen werde ich in späteren Kapiteln genauer eingehen. Für mich persönlich war diese Zeit sehr wichtig: Ich habe für mich trainiert, alles geschafft und meine Erfolge ebenfalls für mich gefeiert. Wie bereits gesagt, geht aber jeder seinen eigenen Weg – und zwar am besten den Weg, der zur eigenen „Programmierung" passt. Das kann eine Karriere als Arzt, als Sportler, als Berater oder als Lehrer sein. Und es wird jeweils ganz unterschiedlich aussehen, was als Erfolg gesehen wird. Das kann sich auch im Laufe des Lebens ändern – wie man an meinem Leben deutlich erkennen kann. Wichtig ist, dass Du Dir sicher bist, auf Du auf dem Weg zu Deinem eigenen, authentischen Ziel zu sein, das Deinen Bedürfnissen entspricht. Dann brauchst Du nur noch den richtigen Plan und einen klaren Blick auf Deine Vision – und schon beginnt Dein Erfolg!

2.2 Arbeite an Dir selbst und lerne von allen

„Arbeit und Ruhe gehören zusammen wie die Wurzeln einer Blüte.“ (Weisheit der Bantu)

Mit ein paar kleinen Anpassungen in Deinem Alltag kannst Du dazu beitragen, Deinen Weg zum Erfolg mit Positivität und Motivation anzufüllen, so dass Du ihn mühelos bestreiten kannst. Diese Techniken habe ich auch genutzt, um mein Selbstbewusstsein aus Bodybuilding-Zeiten Jahre später wieder zu erlangen. Du wirst oft merken, dass Dir Alltagssorgen, Frust und Probleme dabei im Weg stehen, Dich zu 110 % auf Dein Ziel zu konzentrieren. Gerade in solchen Momenten kann ein kleines Ritual dazu beitragen, Dich positiv auf den Tag einzustellen. Rufe Dir einfach morgens, etwa fünf Minuten vor dem Aufstehen, einen schönen Moment mit positiven Gefühlen, den Du erlebt hast, in Erinnerung. Stelle Dir diesen Moment in allen Details vor und versuche, alle Sinne zu beteiligen. Wenn Du alles ganz klar siehst, riechst und fühlst, dann fühle die positiven Emotionen. Lass das gute Gefühl ein wenig auf Dich einwirken und fühle auch die Dankbarkeit für diesen schönen Moment. Du wirst schnell merken, wie Du mit diesem einfachen Ritual gleich viel positiver in den Tag startest.

Nimm Dir abends etwa eine Viertelstunde Zeit, um den nächsten Tag zu planen. Ich lege diese Viertelstunde immer genau auf die Zeit, in der die Tagesschau läuft: So durchbreche ich absichtlich meine Wohlfühlzone und damit auch unbewusste Gewohnheiten, die meinen Alltag mehr diktieren, als mir oft bewusst ist. Die Folge, wenn ich meine Wohlfühlzone durchbreche: Ich gewinne den Abend, an dem ich sonst vielleicht vor dem Fernseher sitzen geblieben wäre, und habe mehr Zeit für meine Familie oder Dinge, mit denen ich mich beschäftigen will. Die Planung für den nächsten Tag hat dabei nur wenige Minuten in Anspruch genommen. Dabei solltest Du Deinen Tag übrigens möglichst detailliert planen: Nicht in 5-Minuten-Abständen, aber Du solltest auch Zeiten für Freizeit, Pausen und Langeweile berücksichtigen. Außerdem solltest Du Dir Notizen dazu machen, was Du in den jeweiligen Zeiten schaffen möchtest. Auf den Unterschied zwischen Schaffen und Abarbeiten gehe ich gleich noch kurz ein, doch zunächst möchte ich Dir noch kurz erklären, warum es wichtig ist, auch Zeit für Langeweile einzuplanen. Denn die große Bedeutung, die Langeweile für Kreativität haben kann, wird oft unterschätzt.

Ich habe tatsächlich einige meiner besten Einfälle, wenn ich zum Beispiel ohne Musik und Ablenkung Auto fahre. Dann lasse ich einfach ziellos die Gedanken kreisen – manche verschwinden dann und machen Platz für andere Gedanken, während andere sich vielleicht verbinden. Außerdem verbessern solche Phasen von Langeweile das abstrakte Vorstellungsvermögen. Idealerweise solltest Du nach Bedarf zwei bis vier Mal pro Woche am Abend einen ruhigen Ort aufsuchen und dort 20 Minuten lang nichts tun. Lass einfach Deine Gedanken schweifen, Bilder auftauchen und verschwinden, nimm Dir Zeit, einfach Du zu sein. Wenn Dir Gedanken kommen, schreib sie auf – in solchen Momenten hat man oft gute und wertvolle Ideen.

Wenn Du einen schönen Tag hattest, solltest Du ihn abends vor dem Einschlafen noch etwas reflektieren und darüber nachdenken. Fühle die Dankbarkeit und die positiven Emotionen – es ist wichtig, mit einem guten Gefühl und nicht mit grüblerischen Gedanken im Kopf einzuschlafen. Du wirst nach einer Weile den Unterschied spüren: Du konzentrierst Dich stärker auf die positiven Aspekte Deines Tages und bist dadurch motivierter – das führt dazu, dass Dir mehr gelingt und Du immer mehr positive Gedanken hast, die Du am Ende des Tages nutzen kannst. Insgesamt sind diese Übungen schon wie ein kleiner Trainingsplan, sie sind aber nur ein Teil des gesamten Planes. Wie

Du Dich erinnerst, gibt es ja noch Dein Ziel beziehungsweise Deine Vision: Neben diesen Übungen gehören natürlich noch weitere Schritte zu Deinem Plan. Die nötige Motivation wirst Du an manchen Punkten des Weges nur mit positiver emotionaler Visualisierung aufrechterhalten können – so wie ich, wenn ich meinem Körper schon früh morgens beim Training Höchstleistungen abforderte oder auf dem Ergometer durchhalten wollte.

Schaffen und Abarbeiten

Ein wichtiger Punkt ist dabei aber auch Dein Ziel selbst: Sei damit nicht zu bescheiden. Zweifle nicht daran, dass Du es schaffst – Du wirst es schaffen, wenn die Vision zu Dir passt und Du die richtige Motivation aufbringen kannst. Stell Dir Dein Ziel eher vor, wie ein Objekt, das Du ein Stück weit die Straße hinunter siehst: Nach und nach wird Dir der Alltag Steine in den Weg werfen, die Dir die Sicht auf das Ziel versperren. Deshalb ist es wichtig, dass Dein Ziel groß genug ist: So, dass Du es auch dann noch erkennen kannst, wenn der Alltag Dir große Steinhaufen in den Weg wirft. Du wirst erstaunt sein, was Du alles schaffen kannst! Schon dann, wenn Du einen Plan machst, um Dein Ziel zu erreichen, bist Du viel näher am Ziel als die meisten anderen Menschen. Warum, das haben wir jetzt gesehen: Bereits den Plan zu entwickeln, Dich selbst und Deine authentischen Bedürfnisse dabei kennen zu lernen und durch bestimmte Übungen positive Emotionen mit Deinem Ziel zu verbinden, dabei das richtige Umfeld zu finden und Dich ganz auf Dein Ziel auszurichten, bringt Dich unweigerlich auf den Weg des Erfolgs.

Dann wirst Du auch den Unterschied zwischen „schaffen" und „abarbeiten" erkennen: Wenn Du 20 Kundenanfragen abarbeitest, also Angebote schickst, bei denen Du schon weißt, dass sie nur Vergleichszwecken dienen, frisst diese Tätigkeit Deine Energie. Das gilt auch für viele andere Bürotätigkeiten, vor allem auf einer mittleren und unteren Hierarchieebene: Hier arbeitet man überwiegend für andere und hat keine eigenen Ziele, die man erreicht – man arbeitet nur endlos weiter. Daher findet sich bei Menschen mit diesen Tätigkeiten auch die höchste Depressionsquote. Vergleiche ich diese Menschen mit Kumpeln, die unter Tage im Bergbau arbeiten, ergibt sich erst einmal ein erstaunliches Bild: Sie sind zwar abends müde und körperlich erschöpft, aber zufrieden und haben ein sehr geringes Burnout-Risiko. Sie haben eine bestimmte Menge Kohle geschaufelt und das war es: eine einfache und überschaubare Tätigkeit, bei der man ständig Resultate sehen kann. Damit verdient man zwar nicht viel Geld – man ist aber in der Regel am Wochenende entspannt und zufrieden, anstatt sich gedanklich mit dem so genannten „Work-load" im Büro zu befassen. Sie haben nicht etwas abgearbeitet, sondern etwas geschafft. So gebrauchen wir die Wörter ja auch in unserer alltäglichen Sprache: Nur selten bin ich stolz, etwas abgearbeitet zu haben – höchstens froh, weil es vorbei ist. Wenn ich aber etwas geschafft habe, dann bin ich in der Regel auch stolz darauf. Die Formulierung „Ich habe etwas geschafft“ gebrauchen wir manchmal sogar im gleichen Sinne wie: „Ich war erfolgreich“. Von abarbeiten sprechen wir eher nicht in diesem Sinne. Was können wir daraus lernen? Immer, wenn ich etwas tue, ohne zu wissen, wofür ich es tue, läuft es schief. Man kann auch sagen: Immer, wenn ich keinen Plan habe, läuft es schief. Genau aus diesem Grund ist es wichtig, dass Du nicht nur Deinen Weg gehst, sondern eben auch einen Blick auf Deine Vision hast und regelmäßig prüfst, ob es noch die richtige Vision ist.

Es kann passieren, dass Du das Gefühl hast, Deinen Plan nur noch abzuarbeiten – dann solltest Du unbedingt in Dich gehen und Deine Ziele überprüfen, denn dann bist Du nicht mehr zu 100 % bei der Sache und es mangelt Dir an notwendiger Motivation. Die Motivation brauchst Du allerdings – und Du willst ja auch kein Ziel erreichen, das nicht Dein Ziel ist! Auch ich habe mehrfach erlebt, dass sich Visionen ändern. Dafür gab es verschiedene Zeichen und Hinweise, auf die ich noch detaillierter eingehen werde. An dieser Stelle möchte ich Dich aber vor allem noch einmal darauf hinweisen, dass kein Ziel final ist. Manchmal erreichen wir ein Ziel und suchen uns ein neues, manchmal merken wir aber auch schon unterwegs, dass das Ziel nicht mehr unseren Bedürfnissen entspricht – auch das Ziel kann sich entlang des Weges, durch äußere Umstände, Erfahrungen und unterschiedliche Lebensphasen, ändern. Wichtig ist, dass es Dein authentischer Weg ist, der zu Deinen jeweils authentischen Zielen führt – darauf möchte ich nun noch etwas genauer eingehen.

2.3 Kreiere Deinen eigenen Weg zum Erfolg

„Wer auf allen Wegen geht, der verfehlt den Weg nach Hause.“ (Weisheit aus Senegal)

Viele Wege führen nach Rom. Aber was, wenn Du gar nicht nach Rom willst, sondern nach Los Angeles oder sogar in die Wildnis Afrikas? Dann wirst Du Deinen eigenen Weg finden müssen. Das ist vielleicht etwas schwieriger, als ausgetretenen Pfaden zu folgen und sich willenlos den Anforderungen des Alltags zu ergeben – andererseits willst Du, das weiß ich schon deshalb, weil Du diese Zeilen liest, Dein Leben nicht einfach nur abarbeiten, sondern Du willst etwas schaffen. Du bist dabei, eine Vision von Erfolg zu entwickeln. Dann ist es nun an der Zeit, den Weg zu Deiner Vision zu finden. Wie bereits im vorigen Kapitel angesprochen, kann Dein Ziel sich jederzeit verändern: Habe also keine Angst, Dich bis ans Ende Deines Lebens festzulegen, wenn Du jetzt eine große Vision für Dich entwirfst. Wenn es nicht mehr authentisch ist, also nicht mehr zu Deinen Bedürfnissen passt, wirst Du das an Deiner Motivation spüren. Und so lange es authentisch ist, wirst Du entlang Deines Weges zum Erfolg von positiven Emotionen und Zufriedenheit erfüllt sein und diesen Weg gerne und ohne Zweifel gehen. Ich möchte an dieser

Stelle auf verschiedene Wege eingehen, die ich in meinem Leben gegangen bin. So möchte ich Dir zeigen, was alles möglich ist: Wir sprechen hier von einer Karriere als Bodybuilder, einer Karriere als Afrika-Abenteurer und einer Karriere als Finanzberater, die ich alle über die Jahre selbst gelebt habe – und zwar erfolgreich gelebt. Doch mehr dazu jetzt im Detail:

Meine Bodybuilding-Karriere brachte auch meinen ersten Kontakt mit verschiedenen Mentoren und Techniken, die mich zum Erfolg geführt haben. Der Sport war dafür hervorragend geeignet: Ich konnte mich ganz auf mich und meine Ziele konzentrieren und, da ich am Ende bei Wettkämpfen allein für mich auf der Bühne stand und meine Erfolge selbst erarbeitete, ein starkes Selbstbewusstsein aufbauen. Aber diese Karriere musste ebenfalls hart erkämpft werden: Nach meinem ersten Posing vor dem Spiegel mit 13 Jahren verging noch etwas Zeit, bis mein Umfeld die Entscheidung akzeptierte. Meine Schwester, deren damaliger Freund sich für Bodybuilding interessierte, unterstützte mich allerdings und nahm mich mit ins Fitnessstudio. Ich war relativ jung, als ich mit 15 Jahren mit dem Training begann. Doch ich begann mit einer großen Motivation: Bereits das Posing vor dem Spiegel nach den Vorlagen aus Bodybuilding-Magazinen war ein unbewusster erster Versuch einer Visualisierung. Das Gefühl der wachsenden Muskeln und meiner sich verändernden Silhouette taten ihr Übriges zur Motivation. Und ich hatte von Anfang an erfahrene und wertvolle Mentoren, die mir halfen, den Weg zum Erfolg zu finden. So wuchs mein Selbstbewusstsein stetig mit den Muskeln – aber nicht nur wegen der Muskeln. Der Grund dafür, dass ich ein starkes Selbstbewusstsein entwickelte, waren vielmehr die ersten Erfolge, die positive Resonanz bei meinem ersten Wettkampfauftritt mit 17 Jahren und natürlich das Training und die Erziehung zu Geduld und Demut, bei der ich auch lernte, dankbar und mit mir zufrieden zu sein. Diese neue, selbstbewusste Ausstrahlung spürte auch mein Umfeld – und die kritischen oder spöttischen Kommentare nahmen ab, bis sie schließlich verstummten. Niemand außer mir selbst hätte mir mit 13 Jahren zugetraut, einmal international erfolgreicher Wettkampf-Bodybuilder zu werden: Ich hatte ja auch gar nicht die besten körperlichen Voraussetzungen dafür. Dennoch war ich etwa 10 Jahre später Vize-Europameister und nahm an den Weltmeisterschaften teil – und ich traf eines meiner Idole, Arnold Schwarzenegger, sowie zahlreiche echte Bodybuilding-Legenden in den USA. Ich kann Dir also nur raten, bei Deinem Weg auf Dich selbst zu hören und nicht auf Kritik um Dich herum, die es immer geben wird. Wichtig ist, dass Dein Ziel sich mit Deinen Bedürfnissen deckt und Du Dich motivieren kannst, dann ist sehr viel mehr möglich, als viele der Kritiker sich vorzustellen vermögen.

Mein Afrika-Abenteuer

Mein Leben besteht aber nicht nur aus meiner Zeit als Leistungssportler. Tatsächlich aus einer völlig spontanen Laune heraus – die, von meiner damaligen finanziellen Lage her gesehen, auch nicht unbedingt vernünftig war – begann für mich das Abenteuer Afrika. Ich beschloss mit zwei Bekannten während eines Namibia-Urlaubs, ein 6.000 Hektar großes Stück Land zu kaufen und eine Lodge mit hunderten Tieren aufzubauen. Und ich war auch nicht ansatzweise auf das Abenteuer vorbereitet, das mich da erwartete – ich stand einfach vor dieser malerischen Landschaft unter der afrikanischen Sonne und fühlte, dass ich genau das jetzt wollte. Tatsächlich wurde es abenteuerlich: Zunächst einmal gibt es große kulturelle Unterschiede, so dass auf einer Baustelle mit mehr als 70 Bauarbeitern und ihren Familien, die mit auf dem Gelände wohnten, ständig Probleme zu lösen waren. Außerdem ist es sinnvoll, sich im Umgang mit den Menschen auf deren Stil einzulassen: Planung läuft in Afrika einfach ganz anders als in Europa. So lernte ich: „Alles, was du loslässt, kommt zu dir zurück." und begann, loszulassen. Das inspirierte mich auch, afrikanische Weisheiten zu sammeln – was mich später noch zum Online-Marketing führte. Aber alle Probleme waren damit noch nicht aus der Welt: Wir wollten Tiere für die Lodge anschaffen – und ich musste die Namen und das Aussehen hunderter Tierarten lernen, um überhaupt eine Auswahl zu treffen. Beim Kauf der Tiere kam dann das nächste Problem: Manche durften nur paarweise, manche nur zu dritt und manche in Herden von 15 Tieren verkauft werden. Und ich hatte wieder einiges zu lernen, um überhaupt erfolgreich agieren zu können! Doch das Lernen hörte auch dann noch nicht auf, als die Tiere auf der Lodge angekommen waren. Wie sich herausstellte, sind einige der angeschafften Tiere in Südafrika heimisch – und verdrückten sich auch umgehend von unserer Lodge, die ja in Namibia lag. Es schien uns nun also sinnvoll, einen Zaun anzuschaffen – natürlich in den Dimensionen einer afrikanischen Lodge, also etwa 80 km lang.

Wie Du siehst, selbst der schönste Traum in der exotischsten Landschaft ist in der Praxis oft mit Problemen verbunden. Andererseits lässt sich selbst eine so verrückt und unmöglich erscheinende Vision erfolgreich umsetzen, wenn sie authentisch ist – darauf kommt es mir an dieser Stelle an. Und wenn Du Deinen Weg beginnst, dann solltest Du auch bereit sein, ihn bis zum Ende zu gehen – ansonsten wird Deine Motivation Dich möglicherweise nicht durch schwere Zeiten retten. Meine Motivation war ausreichend, um all diese Probleme zu lösen, aber auch das Ziel musste entlang des Weges angepasst werden: Wir haben die Lodge nach einigen Jahren verkauft und ein noch größeres

Gelände gekauft, auf dem wir zwei neue Lodges errichtet haben. Diese existieren übrigens immer noch erfolgreich – der Traum von Afrika ist also noch nicht ausgeträumt und ich versuche, bis zu vier Mal pro Jahr noch dort hin zu fliegen und Zeit in Namibia zu verbringen. Auf meinem Weg warteten aber zunächst noch weitere Ziele auf mich. Und ich habe in Afrika gelernt, dass kein Ziel zu groß oder zu fern ist: Selbst in völlig unterschiedlichen Kulturen und einer Landschaft und einer Branche, über die ich vorher fast nichts wusste, kann ich erfolgreich sein. Und das kannst Du auch!

Meine Finanz-Karriere

Eine andere Karriere, die ich begonnen habe und noch verfolge, ist die Finanzberatung. Da bin ich über Umwege hingekommen, die ich zunächst kurz erzählen möchte. Alles begann damit, dass ein Mann regelmäßig in mein Fitnessstudio kam. Er war immer in neuen Anzügen gekleidet und fuhr teure Autos – das hat mich beeindruckt, daher habe ich irgendwann gefragt, wo er arbeitet. Wie sich herausstellte, entwickelte er Marketingkonzepte für einen Konzern und führte im Außendienst Kundengespräche, wobei er bis zu stolzen 2.000 DM am Tag verdiente. Dieser Job klang für mich natürlich sofort interessant: Auf meine Bitte hin stellte er mich in dem Konzern vor, für den er arbeitete – und so begann meine Karriere als Finanzberater, auch wenn ich an diesem Punkt noch nicht ganz dort angekommen war. Aber, das hast Du inzwischen gelernt, der Weg beginnt mit den ersten Schritten. Tatsächlich lief das so eine ganze Weile und ich wurde ein erfolgreicher Vertriebsmitarbeiter für das Unternehmen, bis ein Kunde auf mich zu kam: „Sie sehen immer so frisch und motiviert aus, wenn Sie hier hereinkommen – möchten Sie nicht für uns Häuser verkaufen?". So stieg ich ins Immobiliengeschäft ein, wo mein Rechentalent mich nach und nach zum Thema Finanzierung brachte. Bei diesem Thema blieb ich und bin seit 2010 selbständiger Immobilienfinanzierungsberater mit Angestellten und eigenem Büro. Außerdem hat sich rund um dieses Thema noch eine ganze akademische Karriere entwickelt, die mich bisher zum Mastertitel und auf mein neues Ziel: „Vom Realschüler und Bodybuilder zum Doktor" gebracht hat. Aber ich habe auch viel über mich und meine Interessen und Bedürfnisse, sowie die Interessen und Bedürfnisse meiner Kunden gelernt. Denn das ist in diesem Beruf wichtig: Ich muss die Bedürfnisse meiner Kunden verstehen und ihnen die passenden Produkte anbieten, dann berate ich authentisch und der Kunde wird mit dem Produkt zufrieden sein. Aber auch an meine Bedürfnisse muss ich denken: Es gibt bestimmte Kunden, die, wie ich immer sage, meine Energie fressen. Außerdem gibt es Kunden, deren Bedürfnisse von meinen sehr verschieden sind: Wenn ich beispielsweise sicherheitsorientiert bin, mein Kunde aber hohes Risiko für maximale Rendite in Kauf nehmen möchte, dann kann ich ihn nicht authentisch beraten. Es fällt mir schwer, ich „arbeite den Kunden ab", anstatt für und mit ihm etwas zu „schaffen". Ich habe gelernt, auf solche Kunden zu verzichten, und bin seitdem in meiner Arbeit viel zufriedener. Tatsächlich finden mich, wenn ich authentisch berate, genau die Kunden, die ich am meisten mag und die mir die meisten positiven Gefühle vermitteln – so habe ich es geschafft, auch in dieser Karriere erfolgreich und zufrieden zu sein.

Du siehst also: Dein Weg kann ganz anders als mein Weg aussehen – es ist sogar recht unwahrscheinlich, dass es der gleiche Weg wäre. Und selbst ich bin eigentlich in meinem Leben mehrere verschiedene Wege zu mehreren verschiedenen Zielen gegangen: Meist nacheinander, aber manchmal auch parallel zueinander. Und es war nicht immer von Anfang an klar, ob ich wirklich auf dem Weg zu einem Ziel, zum Beispiel erfolgreicher Finanzberater, oder auf dem Weg zu einem Zwischenschritt, zum Beispiel Vertriebsmitarbeiter oder Immobilienmakler, bin. Das ist auch gar nicht so wichtig – so lange ich mich zufrieden und authentisch dabei fühle. Dafür gibt es entlang des Weges zahlreiche Zeichen und Hinweise, an denen wir erkennen können, ob wir noch auf dem richtigen Weg zum richtigen Ziel sind.

Kapitel III

3. Erfolge, Ernüchterungen, Einsichten

„Etwas zu versuchen und es nicht zu schaffen, das ist wenigstens keine Faulheit." (Weisheit aus Sierra Leone)

Ich glaube nicht, dass ich hiermit ein Geheimnis verrate: In meinem Leben gab es nicht immer nur den Plan und das Ziel. Es war vielmehr immer eine Mischung aus planbaren Erfolgen und ungeplanten Misserfolgen. Immer wieder drängt sich der Alltag dazwischen: Wie bezahle ich die nächste Monatsmiete, was passiert mit den Krediten, auf welche Schule sollen die Kinder gehen, ich fühle mich heute schwach und unmotiviert, ich bin krank oder habe mich verletzt, ich bekomme viel Kritik und wenig Unterstützung, ich kenne dort keinen Menschen, ich weiß doch darüber gar nichts – irgendwo in dieser Aufzählung von Steinen auf dem Weg zum Erfolg hast Du Dich vielleicht auch wiedergefunden. Deshalb möchte ich jetzt ein wenig auf das eingehen, was uns begegnet, wenn wir uns zu unserer Vision auf den Weg machen: Erfolge, Ernüchterungen und Einsichten. Sie dienen alle dazu, unser Navi, das ich im ersten Kapitel beschrieben habe, zu kalibrieren und am Laufen zu halten.

Ernüchterungen

Ernüchterungen, wirst Du hier vielleicht fragen, sind also gut dafür, unser Ziel zu erreichen? Sind sie nicht schlecht für die Motivation? Als Orientierungshilfe können Ernüchterungen aber sehr nützlich sein: Sie zeigen an, ob unser erreichter Erfolg noch mit unseren Bedürfnissen übereinstimmt oder ob nicht von Anfang an die Vision verzerrt war. So etwas kann vorkommen – wir sind ja nicht immer ehrlich zu uns selbst. Wenn Du Dich bereits zu Anfang sorgfältig mit Deiner Vision auseinandersetzt und sie emotional visualisierst, dann wirst Du frühzeitig merken, ob sie authentisch ist. Authentisch heißt hier, ob sie mit Deinen Bedürfnissen und Gefühlen übereinstimmt – nicht authentisch wäre sie, wenn Du auch fremde Faktoren unreflektiert in die Vision einfließen lässt. Das könnte der Wunsch Deiner Eltern sein, dass Du Arzt wirst, obwohl Du Dich selbst lieber in der Kunst verwirklichst. Das können aber auch Erwartungen sein, die daraus resultieren, wie andere Dich sehen. Als ich 13 Jahre jung war, musste ich die Ansichten vieler Menschen zu meinen Bodybuilding-Träumen ignorieren. Hätte ich mich dem gefügt, wäre meine Vision vielleicht eine andere, weniger authentische geworden. Es kann aber auch sein, dass Deine Bedürfnisse sich verändern oder Du aus anderen Gründen Deine Vision ändern möchtest – das ist mir zum Ende meiner Bodybuilding-Karriere geschehen. Ernüchterungen sind also wichtige Hinweise für unser Navi.

Erfolge

Erfolge wirst Du auf Deinem Weg täglich erleben: Jeden Tag, wenn Du Deine Tagesziele erledigt hast und zufrieden auf den Tag zurückblickst. So gewöhnst Du Dich durch kleine Erfolge immer mehr an das Gefühl, erfolgreich zu sein, und machst es stärker. Du wirst selbstbewusster und wirst mehr Erfolge erleben. Wenn die Erfolge ausbleiben, solltest Du das Navi überprüfen: Vielleicht ist gar nicht mehr das richtige Ziel eingestellt? Auf dem Weg zu einem Ziel, das wirklich Dein Ziel ist, fallen die Erfolge leicht. Wichtig ist dafür aber, dass Du Dich an den Plan hältst: Wer beim Bodybuilding das Gewicht, das er drückt oder hebt, steigern möchte, der wird nicht von 50 kg zu 100 kg springen. Mit täglicher Übung und täglichen Erfolgen und angemessenen Teilzielen wird er seine Leistung aber sicher von 50 kg auf 100 kg steigern können. Jedes erreichte Ziel ist ein Erfolg – steigere also Deine Ziele und Dein Erfolgsempfinden im richtigen Tempo und genieße auch das gute Gefühl und die Zufriedenheit von Teilerfolgen. Dieses gute Gefühl gibt Dir Kraft für den weiteren Weg.

Einsichten

Einsichten können sich entlang Deines Weges an verschiedenen Stellen ergeben und ganz unterschiedliche Auswirkungen haben. Denn Du wirst Einsichten über den Weg und das Ziel erlangen – aber auch über Dich selbst! Stell Dir eine lange Straße vor, die zu Deinem Ziel führt. Von dort, wo Du stehst, kannst Du zwar das Ziel in der Ferne sehen, aber Teile des Weges sind verdeckt oder Du siehst sie wegen der Entfernung nur verschwommen. Auch dort wirst Du viel über den Weg erfahren, während Du ihn entlanggehst. Vielleicht begegnest Du einem Fluss, über den keine Brücke führt, und musst sogar schwimmen lernen. Vor allem am Ende des Weges entstehen aber auch Einsichten über Dich und Deine Vision und das Verhältnis von Dir und Deiner Vision. Vielleicht spürst Du jetzt immer noch Frust oder Unzufriedenheit – oder Ernüchterung. Dann gelangst Du zur Einsicht, dass das Ziel nicht Dein Ziel war. Es waren aber Deine Bedürfnisse und Gefühle, nach denen Du das Ziel visualisiert hast: Lagst Du da möglicherweise in Deiner Einschätzung über Dich selbst falsch? Vielleicht musst Du aber auch einsehen, dass sich Deine Bedürfnisse geändert haben. Eine andere Form von Einsicht ist ebenfalls wichtig: Nämlich die Einsicht, die Du in die Bedürfnisse und Gefühle anderer Menschen erlangst, wie ich es am Ende des vorigen Kapitels beschrieben habe. Denn diese Einsicht hilft Dir auch, Dein Umfeld positiv neu zu gestalten.

3.1 Weggabelungen und Entscheidungen

„Zwar hat der Mensch zwei Beine, doch kann er nur einen Weg gehen." (Weisheit vom Volk der Fulbe aus dem Tschad)

Wir können die Zukunft zwar visualisieren – eine wichtige Technik beim Bodybuilding, wo man sich sechs Monate lang darauf vorbereitet, an einem bestimmten Tag in der Zukunft in Top-Form zu sein. Aber wir können sie natürlich nicht exakt voraussehen. Deshalb kann es sein, dass Deine große Vision sich, wenn Du sie erreicht hast, als Zwischenziel entpuppt. Es kann auch aus verschiedenen Gründen sein, dass Dein Ziel nicht mehr Dein Ziel ist, und Du Dich komplett neu ausrichten musst. Das ist mir mit meiner Bodybuilding-Karriere so ergangen:

Zunächst bin ich immer mehr in der Karriere aufgegangen und habe die Strapazen des Trainings – vom Bewegen von tonnenweise Eisen bis hin zu den strengen Diäten – dank meiner Motivation und der Visualisierung des Erfolges gut überstanden. Doch ein Punkt in meiner Karriere, der gleichzeitig ein großer Höhepunkt war, wurde auch zum Wendepunkt: Ich traf, etwa im Alter von 25 oder 26 Jahren, Arnold Schwarzenegger, der in den USA eine Meisterschaft ausrichtete, und einige seiner Freunde – ausnahmslos legendäre Figuren, einige davon aus den Anfangszeiten des Bodybuilding in den 50er und 60er Jahren. Erst einmal versetzte mich die ganze Situation, mit zahlreichen Bodybuilding-Legenden an einem Tisch zu sitzen, in eine Art von Rauschzustand, in dem es mir sogar vor Aufregung schwer fiel, nachts zu schlafen. Ich erlebte eine wirklich schöne Zeit und fühlte mich wie auf einem Höhenflug. Andererseits realisierte ich dort auch, dass der Wettbewerb in den USA viel härter als in Europa ist: Ich sah bekannte Bodybuilder, die finanziell am Ende und auf die Hilfe von Freunden angewiesen waren und ich sah zudem viele aktive Bodybuilder, die größer und kräftiger als ich waren. Zurück in Deutschland kam noch ein Gefühl der Ernüchterung hinzu, da ich mich hier nicht so echt fühlen konnte, wie im Umfeld von Schwarzenegger und seinen Freunden. Es begann sich eine unbewusste Unzufriedenheit einzuschleichen – diese wurde mir bewusst, als ich mich, zurück in Deutschland nach meinem Treffen mit Schwarzenegger, beim Bedienen am Tresen in meinem Fitnessstudio über unfreundliche Kunden ärgerte. Vor allem ärgerte ich mich dabei über die Situation: Noch vor ein paar Tagen saß ich mit Legenden am Tisch und nun serviere ich unfreundlichen Menschen Apfelschorle. Das Gefühl, das sich nun breit machte, ist typisch für eine Weggabelung: In mir reifte die Einsicht, dass meine Bodybuilding-Karriere nun wohl langsam zu Ende sei. Gleichzeitig sank meine Motivation: Ich ertappte mich dabei, darüber nachzudenken, ob die 12. Wiederholung einer Übung wirklich nötig ist, oder ob nicht zehn Wiederholungen auch reichen würden. An dieser Stelle habe ich gemerkt, dass ich kein Wettkampfsportler mehr bin.

Ich hatte also nun die Wahl: Verfolge ich mein Ziel weiter – weil ja mein ganzes Leben darauf ausgerichtet ist, wie es bei Leistungssportlern üblich ist – und bin aber frustriert und unzufrieden, weil das Ziel nicht mehr authentisch ist und ich es nicht mehr mit voller Motivation und Energie verfolgen kann? Oder suche ich mir – auch wenn es riskant und etwas beängstigend ist, wenn man bedenkt, was ich aufgebe – ein neues Ziel? Ich habe damals eine Entscheidung getroffen und dies nicht bereut. Natürlich, weil es immer gut ist, aus dem Leistungssport auszusteigen, so lange man erfolgreich ist, denn so spart man sich die Erfahrung von Niederlagen. Aber auch einfach deshalb, weil ich eine Entscheidung getroffen habe: Nicht mehr mein Training „abzuarbeiten", sondern etwas zu schaffen, ein neues Ziel anzugehen. Und das war an dieser Stelle wichtig: Das Training im Leistungssport ist viel zu hart und die Entbehrungen sind zu groß, um ohne die ausreichende Motivation erfolgreich zu sein. Und meine Sportlerkarriere verschwindet damit ja nicht einfach in der Vergangenheit: Ich habe daraus viele wertvolle

Erfahrungen, positive Emotionen und gefühlsgeladene Bilder behalten, von denen ich auch heute noch profitiere. Tatsächlich konnte ich viele meiner Erfahrungen aus dem Training für meine spätere Tätigkeit im Vertrieb nutzen.

Und der Weg gabelt sich weiter ...

Es sind mir natürlich noch weitere Weggabelungen begegnet: So begann ich bald nach meiner Ausbildung ein Fernstudium, das ich allerdings aus Zeitgründen wieder abbrechen musste. Erst später kam ich zum akademischen Erfolg – den ich nun auch weiter verfolge. Denn selbst in meiner aktiven Bodybuilding-Zeit ärgerte ich mich immer über das Vorurteil, dass Bodybuilder nur Luft im Kopf hätten: Schon damals war vielleicht abzusehen, dass ich dazu gerne als lebender Gegenbeweis antreten möchte. Aber auch in meiner Vertriebszeit habe ich frustrierende Phasen erlebt, die ich als sehr belastend empfand – und die ich durch Rückbesinnung auf meine Zeit als Sportler überwinden konnte. Nicht immer müssen Schwierigkeiten bedeuten, dass das Ziel falsch ist: Manchmal gehen wir auch einfach den Weg falsch. So musste ich lernen, mich von bestimmten Kundentypen zu trennen und mich dafür mehr mit Kunden zu umgeben, die mir auf der limbischen Karte, also bei den Bedürfnissen, näher sind. Und auch bei meinem Afrika-Abenteuer stand ich an einem

Punkt vor einer Weggabelung – auch hier habe ich dann eine Entscheidung getroffen und mein Navi wieder auf Erfolgskurs eingestellt. Im Klartext bedeutet das, dass ich mich von der ersten Lodge getrennt habe und dafür zwei neue aufgebaut habe, die auch heute noch erfolgreich arbeiten.

Unzufriedenheit ist ein wichtiges Zeichen dafür, dass wir uns an einer Weggabelung befinden oder eine Entscheidung benötigen. In meinem Leben hat Unzufriedenheit oft dazu geführt, dass ich mich entscheidend weiterentwickelt habe und mich auf den Weg zu neuen Erfolgen gemacht habe. Es war auch Unzufriedenheit daran beteiligt, damals das Fitnessstudio zu wechseln und so in einem stärker auf Wettkampf ausgerichteten Studio zu landen – und es war auch Unzufriedenheit daran beteiligt, die Leistungssportkarriere aufzugeben. Manchmal entstehen Weggabelungen und Entscheidungssituationen aber auch nicht aus Unzufriedenheit, sondern aus einer neuen Möglichkeit: Vielleicht visualisierst Du plötzlich ein Ziel, von dem Du vor Kurzem noch gar nicht wusstest, dass es existiert. Auch das ist mir passiert – als ich, wie bereits geschildert, überwältigt von der Landschaft Namibias, mich für ein ganz neues Ziel entschied. Und wenn die Vision stark genug ist, kann aus einer spontanen Laune heraus etwas entstehen, das mich auch Jahre später noch mit Zufriedenheit erfüllt: Mindestens jedes Jahr, wenn ich die Lodge besuche um mich etwas zu entspannen.

3.2 Wo sich eine Tür schließt …

„Wenn man den Weg verliert, lernt man ihn kennen."
(Weisheit aus Kenia)

Ich habe jetzt ausführlich davon erzählt, wie ich in meinem Leben an Weggabelungen gekommen bin und Entscheidungen treffen musste. Jetzt komme ich zum positiven Teil dieser Geschichten – denn jede einzelne dieser Weggabelungen war am Ende auch ein Teil meines Weges und hat mich weitergebracht. Und jedes Mal, wenn sich eine frustrierende Situation in einen neuen Erfolg gewandelt hat, dann habe ich gesehen: Ich habe es tatsächlich geschafft. So hat jede Weggabelung auch zu meinem Selbstbewusstsein beigetragen und mir neue positive Bilder gegeben. Diese konnte ich später in schwierigen Zeiten nutzen – und kann es auch immer noch.

Beginnen wir wieder ganz früh, in meiner Jugendzeit: Ich war kein sehr fleißiger Schüler, deshalb bin ich damals nur gerade so auf die Realschule gekommen. Viele meiner Lehrer sahen mich eher auf der Hauptschule. Doch mit dem Bodybuilding begann auch mein Sinn für Erfolg zu wachsen: So absolvierte ich nach der Realschule inmitten von Wettkampfvorbereitungen erfolgreich eine Ausbildung zum Elektroniker. Gleichzeitig wehrte ich mich damit gegen das Vorurteil, dass Bodybuilder nichts im Kopf haben. Das tat ich auch recht offen – ein Zeitungsartikel über meine geplante WM-Teilnahme wurde mit einem Foto von mir illustriert, auf dem ich einen Mikrochip auf meinem gewölbten Bizeps balanciere. In dem Moment, in dem ich also mein Ziel erkannt hatte und begann, es mit 110 % Motivation zu verfolgen, öffneten sich auf einmal viele Türen für den einst schmächtigen Jungen mit mittelmäßigen Leistungen. Nach einer Weile war ich sogar einer der wenigen Bodybuilder mit Vertrag, und dieser Vertrag brachte mir ein sechsstelliges Jahreseinkommen ein. Außerdem wurde ich Teilhaber in dem Fitnessstudio, in dem ich trainierte, und bekam eine Trainerlizenz. So konnte ich mit Leib und Seele mein Ziel verfolgen und war dabei trotzdem finanziell gut abgesichert.

Die Zeit nach dem Leistungssport

Als ich meine Karriere beendete, ließ ich einen großen Teil meines Bodybuilding-Lebens hinter mir: Ich beendete nicht nur meine Karriere, sondern gab auch meine Anteile am Fitnessstudio ab. Dafür hatten sich inzwischen neue Möglichkeiten ergeben: Mein Afrika-Abenteuer und meine Vertriebskarriere, die mich dann zur Finanzberatung führte. Heute glaube ich, dass sich Türen gar nicht öffnen, sondern immer offen stehen. Wir erkennen sie aber erst, wenn es für uns an der Zeit ist: wenn die Tür als Vision mit unseren Bedürfnissen und Gefühlen übereinstimmt. Lese ich heute alte Interviews und Zeitungsartikel aus meiner Bodybuildingzeit, dann erkenne ich etwas erstaunliches. Ich habe heute das Gefühl, dass ich mich schon damals auf eine Karriere auszurichten begann, die über den Sport hinausreicht – damals hatte ich dieses Gefühl natürlich noch nicht. Gegen Ende meiner Wettkampfkarriere machte ich dann allerdings noch das Abitur, mit der Absicht, zu studieren – was zunächst aus Zeitgründen nach einigen Semestern scheiterte. Dafür ging ich nach Afrika, wo es viel für mich zu lernen gab. Fasziniert von den Weisheiten des riesigen Kontinents entdeckte ich noch eine weitere offene Tür und begann, Spruchweisheiten aus allen Ländern Afrikas zu sammeln. Diese Sammlung inspirierte nicht nur mich – ich wollte diese Inspiration auch teilen und Menschen in Europa zugänglich machen. So kam ich, viele Jahre nachdem mein Safari-Traum begann, zum Onlinemarketing: Heute sind die Weisheiten in Buchform und als Newsletter online erhältlich.

Eines Tages standen wir vor dem Problem, dass wir für die Lodge einen 80 km langen Zaun brauchten. Ich beschloss daher, für einen von uns gegründeten Wildrettungsverein auf Werbetournee zu gehen. Bei dieser Gelegenheit könnte ich auch für Spenden für den Zaun werben. Ein Freund arbeitete damals gerade in einem Altenheim und bot mir an, dort eine Präsentation zu machen – ein voller Erfolg: Die Teilnehmer waren von den Berichten aus der Wildnis Namibias fasziniert. So begann ich spontan eine Tour durch etwa zwei Dutzend weitere Altenheime. Am Ende konnte der Zaun gebaut werden. Eine ganze Weile später verkaufte ich die Lodge wieder, um ein neues Stück Land zu kaufen, deutlich größer und mit Platz für zwei Lodges und hunderte Tiere. Hier ließen sich viele Dinge realisieren, die am alten Standort nicht möglich waren. Deshalb ist es immer wichtig, auf Unzufriedenheit zu hören, und sie nicht aus Bequemlichkeit zu ignorieren: Sonst übersiehst Du auch offene Türen, die Dich aus Deiner Unzufriedenheit heraus zu einem neuen Ziel führen können.

Du siehst – es ist nicht erst dann wichtig, nach offenen Türen zu schauen, wenn sich eine Tür schließt. Wenn Du eine offene Tür entdeckst, schau einmal hindurch: Vielleicht ergänzt Du damit Deine Vision, wie ich das Abenteuer „Lodge in Namibia" um eine spirituelle Reise zu Afrikas Weisheit erweitert habe. Oder Du hast die Chance, eine nicht mehr authentische Vision durch ein neues Ziel abzulösen, das Du wieder mit 110 % Motivation verfolgen kannst. Denn diese Motivation brauchst Du zum Erfolg.

Ich habe noch mehr offene Türen entlang meines Weges entdeckt und bin jeweils froh, hindurchgegangen zu sein. Ein anderes Beispiel ist meine Vertriebskarriere, die ebenfalls Ende der 1990er Jahre begann. Ich verkaufte für ein großes Unternehmen Präsentationen in Gewerbeverzeichnissen und betreute viele Kunden. Einem der Kunden gefiel meine positive Art – und nur wenig später begann ich, für sein Unternehmen Häuser zu verkaufen. Hier kam mir mein Rechentalent zu Hilfe: Ich begann, Bauprojekte zu kalkulieren und dann für einen Architekten zu arbeiten. Dieser Weg führte mich wieder zurück zu einem meiner ursprünglichen Ziele – meiner akademischen Karriere. So begann ich dann nach einigen Weiterbildungen, Finanzwesen und Ökonomie zu studieren.

Auch beim Studium habe ich wieder deutlich gezeigt bekommen, wie wichtig eine Vision und die richtige Motivation sind: Meine Noten waren eher durchschnittlich. In meiner Masterarbeit befasste ich mich allerdings mit einem Thema, das mich brennend interessierte: nämlich mit der Frage, wie interessiert Käufer von Luxusimmobilien an Finanzierungsangeboten sind. Die Antwort, nämlich gar nicht, war für mich zwar wirtschaftlich gesehen ernüchternd – die mit viel Motivation und Begeisterung angefertigte Arbeit erregte allerdings bei den Gutachtern großes Aufsehen.

Immer weiter gehen!

So bin ich, der Bodybuilder mit Realschulabschluss, inzwischen ein gut ausgebildeter und erfahrener Experte im Bereich der Immobilienfinanzierung – eins der möglichen Ergebnisse der noch unscharfen Vision, die mein jüngeres Ich in sich trug. Viele Menschen würden das bereits als erfolgreich bezeichnen. Meine persönliche Vision geht allerdings noch weiter: Ich möchte gerne noch promovieren, wenn die richtige Zeit dafür gekommen ist. Du erinnerst Dich ja sicher daran, dass ich Dir dazu geraten habe, ein großes Ziel zu haben, das alle Alltagsprobleme und andere Steine im Weg weit überragt. So ein überragend großes Ziel bewahrt Dich auch vor Stillstand und davor, Deine Talente und Potentiale gegen Selbstzufriedenheit einzutauschen. Du wirst also jedes Mal, wenn Du am Ziel bist, feststellen, dass Du noch gar nicht am Ziel bist. Das klingt erst einmal anstrengend: Immerzu musst Du weiterwandern. Aber denk daran: Wenn es das richtige Ziel ist, dann wird der Weg voll von positiven Gefühlen, Motivation und Erfolgen sein. Er wird also nicht schwer sein. Ganz im Gegenteil: Diese unbegrenzte Sichtweise ist irgendwie beruhigend. Wenn Du das Ziel erst einmal erreicht hast, wirst Du nicht darauf beschränkt sein. Es gibt neue Ziele und neue Wege dort hin und die ganze Welt steht Dir offen.

Kapitel IV

4. Geplante Unvernunft

„Wer den ganzen Tag über ernst ist, wird nie das Leben genießen. Wer den ganzen Tag über leichtsinnig ist, wird nie einen Haushalt gründen." (Weisheit aus Ägypten)

Als ich mich mit 13 Jahren im Spiegel betrachtet habe und, schon wegen meines damals noch völlig untrainierten Körpers, mehr schlecht als recht probiert habe, Bodybuilding-Posen zu imitieren, habe ich unbewusst ein Ziel visualisiert. Ich habe damals schon geübt, mich als erfolgreichen Bodybuilder auf Zeitschriftenfotos zu sehen. Ich wusste damals, noch vor meinem Realschulabschluss, aber noch nicht, dass ich einmal mit Erfolg mein Magisterstudium im Finanzwesen abschließen würde, dass ich einmal Urlaub in der eigenen Lodge in Afrika machen würde – mein Ziel war in diesem Moment damals einzig und allein, Bodybuilder zu werden: meinen Körper ganz nach meinen Wünschen aufzubauen und meinen Erfolg am eigenen Körper zu sehen und zu spüren. Und das war gut so – genau dieses Ziel entsprach damals meinen Bedürfnissen und war mein authentisches Ziel. Manche hätten dieses Ziel damals als unvernünftig bezeichnet – mir war das völlig egal.

Rückblickend war die Zeit als Bodybuilder nur eine Phase meines Lebens, ein Anfang – aber ich hätte niemals zu dieser Zeit schon wissen können, was noch alles kommt. Die spontane Entscheidung in Namibia, die Erfahrungen im Vertrieb und in der Finanzberatung, all dies war noch völlig undenkbar. Ich war ja gerade erst auf dem Weg zum Realschulabschluss und es war damals schon ambitioniert, neben dem aufwändigen Wettkampfsport eine Elektronikerausbildung zu absolvieren. Was ich damit sagen will: Du kannst unmöglich alles wissen und planen, was Dein Leben noch bringt. Manche Eigenschaften, Bedürfnisse und Wünsche bleiben uns ein Leben lang erhalten, andere ändern sich durch Reifung oder durch bestimmte Ereignisse oder Erlebnisse. Was jetzt zu 100 % Dein Ziel und Deine Vision ist, muss es nicht ewig bleiben – und das ist gut so. Vielleicht bleibt es auch bis an Dein Lebensende ein Ziel, das Dich erfüllt. Das ist natürlich möglich, aber eher selten. Damit ist Dein Ziel aber nicht weniger authentisch. So lange es Deinen Bedürfnissen entspricht, wird es Dich motivieren und zum Erfolg führen. Ich habe aber selbst gespürt, wie schwer der Weg wird, wenn das Ziel nicht mehr das richtige ist – dann wird es Zeit, nach einer offenen Tür zu gucken. Ich habe damit viel aufgegeben: die Bewunderung auf der Bühne und die Sicherheit, in jedem Moment meines Lebens, egal ob ich mich oder andere trainierte, das zu tun, das mich erfüllt. Hätte ich mich daran geklammert und nicht akzeptiert, dass es Zeit für eine Entscheidung ist, wäre mein Leben anders verlaufen. Der Frust hätte sich ausgebreitet. Meine Wettkampfleistungen hätten nachgelassen, weil ich das Training zunehmend als anstrengend empfunden hätte. Ich hätte also ganz offenbar den Weg des Erfolgs verlassen.

Unvernunft – aber mit Plan!

Deshalb kann ich Dir nur raten, wenn Du erfolgreich sein willst: Habe den Mut, unvernünftig zu sein! Ich will aber noch kurz erklären, wie ich das genau meine. Nehmen wir mal an, dass Sicherheit ein für Dich wichtiges Bedürfnis ist – erinnere Dich an die limbische Karte, von der ich bereits gesprochen habe. Und nun nehmen wir an, dass du einen guten Job als regionale Vertreterin einer Kosmetik-Einzelhandelskette hast, den Du anfangs auch sehr motiviert und mit viel Talent ausgeführt hast. Nun hast Du Dein Talent fürs Programmieren entdeckt und verbringst die Nächte vor dem Computer damit, Anwendungen zu entwickeln. Während der Arbeit bist Du abgelenkt, weil Du über Lösungen für logische Probleme aus Deinem Code nachdenkst. Und natürlich müde, weil Du wieder nicht vor 4 Uhr im Bett warst. Auch Deine Beziehung beginnt unter Deiner ständigen Zerrissenheit zu leiden. Aber jetzt noch einmal den Job wechseln? Als Frau in der männerdominierten IT-Branche Fuß fassen? Und nehmen die mich überhaupt ernst, ohne formelle Ausbildung? Jetzt noch mal zur Schule gehen – das kann ich mir nicht leisten. Solche Fragen werden zu Deinen ständigen inneren Begleitern. Deine Freunde und Bekannten, mit denen Du vielleicht über die Idee sprichst, werden sagen: „Toll, tu das, was Du gerne tust!“ oder „Aber sehr vernünftig wäre das nicht?“.

Vielleicht ist es auf den ersten Blick unvernünftig. Du begibst Dich in unbekannte Gewässer. Aber denk daran, dass Du Dein Navi dabei hast! Und wenn Du das Buch bis hierher aufmerksam gelesen hast, dann wirst Du vielleicht auch das Gefühl bekommen, dass der Wechsel vielleicht doch die vernünftigere Idee sein könnte. Denn was ist vernünftiger, als Erfolg statt Misserfolg zu wählen? Glück statt Frust? Und wenn Deine Wünsche Dich dazu bringen, zu programmieren – dann folge Deinen Wünschen. Wenn Du jetzt schon die Motivation aufbringst, nach dem Arbeitstag die halbe Nacht am Computer zu sitzen, dann stell Dir Dein Potential vor, wenn Du den anderen Job los bist!

Du hast an den Beispielen aus meinem Leben gesehen, dass die Wahrscheinlichkeit von Erfolg nicht davon abhängt, wie die Bedingungen zunächst aussehen. Sie hängt vielmehr davon ab, wie motiviert wir unser Ziel verfolgen. Und natürlich hängt sie von unserem Plan ab – vom Weg zum Erfolg. Auf diesen möchte ich in den nächsten Kapiteln noch etwas genauer eingehen. Für Deinen Plan ist es übrigens egal, ob Du ähnliche Ziele hast wie ich hatte, oder wie die Frau aus meinem fiktiven Beispiel eben – welches natürlich genauso gut genau anders herum oder mit einem Mann vorstellbar wäre. Es gibt bestimmte Grundlagen, die in jeder Lebenslage gleich bleiben. Das konnte ich aus meinen persönlichen Erfahrungen lernen: Es waren die gleichen Techniken, die mich im Wettkampfsport, im Vertrieb und in der Beratung, im Umgang mit fremden Kulturen und im Studium erfolgreich gemacht haben. Und noch etwas ist meiner Erfahrung nach immer gleich geblieben: Der richtige Plan ist entscheidend. Egal, wie viele Visionen Du in Deinem Leben erfolgreich verfolgst – Du erreichst sie nur mit dem richtigen Plan. Eigentlich klingt die Unvernunft jetzt gar nicht mehr so unvernünftig: Sie ist jetzt der geplante Weg für Deinen Erfolg. Unvernünftig erscheint das jetzt nur noch für jene, die das noch nicht erkannt haben.

Das Leben ist ein Abenteuer

Ich kann Dir nur raten, Dich darauf einzulassen. Das Festhalten an alten, überholten Zielen macht uns unglücklich und wir täuschen uns selbst Zufriedenheit mit nicht authentischen Erfolgen vor. Das bedeutet nicht, dass Du morgen Deinen Job aufgeben musst, um Astronaut zu werden – das würde nur Sinn machen, wenn es wirklich Deine Vision ist, in den Weltraum zu fliegen. Es bedeutet vielmehr, dass Du die Augen nach den offenen Türen offen halten solltest, die Du sonst aus Mutlosigkeit ignorierst. Der Weg ist gar nicht so schwer, wie er Dir erscheint! Und gerade dann, wenn Du völlig entkräftet und desillusioniert in einem frustrierenden Alltag festhängst, kann der richtige Weg Dir sogar neue Energie geben, von der Du gar nicht mehr wusstest, dass Du sie hast und wie sie sich anfühlt. Vielleicht ist es einfach nur eine andere Position in Deiner Firma, die Dich erfüllen würde: Eine Position, in der Du mehr mit Zahlen und weniger mit Kunden zu tun hast – oder anders herum. Vielleicht erfordert der Weg zu Deiner Vision aber auch drastischere Maßnahmen. Lass Dich dann nicht von Deinem Umfeld entmutigen – wer Dich nicht versteht, gehört wohl zu den vielen Menschen, die selbst nie dazu gekommen sind, einen Plan für Ihre Vision auszuarbeiten und den Weg zum Erfolg zu beginnen. Suche Dir vielmehr das richtige Umfeld, die richtigen Begleiter für Dein Abenteuer – auch darauf komme ich später noch einmal im Detail zurück.

4.1 Visualisierung Deines Ziels und die Wege dorthin

„Es ist besser, mit drei Sprüngen ans Ziel zu kommen, als sich mit einem das Bein zu brechen.“ (Weisheit vom Volk der Malinke aus Westafrika)

Vielleicht hast Du jetzt schon wieder den Eindruck, dass das alles sehr kompliziert klingt – das Leben als Abenteuer zu sehen, Veränderungen und Umwege zuzulassen, vielleicht sogar alles, was man tut, total umzukrempeln. Deshalb möchte ich an dieser Stelle noch einmal auf ein Thema eingehen, das im Idealfall Dein Nordstern ist, an dem Du Dich immer wieder ausrichten kannst, so dass alles, was unten am Boden passiert zur Nebensache für Deinen Weg wird. Damit meine ich Deine Vision: Das Bild vom Erreichen Deines Ziels, das Du in Dir trägst und das Du Dir immer wieder vor Augen führst.

Vielleicht fühlst Du gerade in Dich hinein, um Deine Vision zu finden, oder um zu überprüfen, ob Du so etwas überhaupt hast. Und vielleicht fühlst Du einfach nur zufällige Bilder von Dir in verschiedenen Situationen, die Dein Gehirn jetzt schnell vorlegt, weil Du suchst. Diese Bilder sind aber nicht von Emotionen begleitet, sie wirken noch nicht so richtig lebendig. Eher ein wenig wie unscharfe Fotos. Das ist auch ganz normal – eine richtige Vision Deines Zieles musst Du Dir erarbeiten und sie dann stärker machen, bis sie zur einer emotionalen Visualisierung wird, die in aller Detailschärfe an all Deine Sinne herantritt und starke positive Gefühle in Dir auslöst.

Visualisierung im Leistungssport

Mir sind Visualisierungstechniken zum ersten Mal begegnet, als ich mit dem Bodybuilding angefangen habe. Gerade in dieser Sportart, aber auch in vielen anderen Wettkampfdisziplinen, ist Visualisierung extrem wichtig – sportlicher Erfolg ohne Visualisierung ist für mich gar nicht vorstellbar. Das liegt ganz einfach daran, dass man sich oft schon monatelang vor einem Wettkampf auf einen bestimmten Zeitpunkt von oft nur wenigen Minuten vorbereitet, an dem man ein absolutes Maximum abrufen muss. Bei einem Sprinter ist es maximale Schnellkraft – bei einem Bodybuilder ein optimal geformter Körper und ein unbeirrbares Selbstbewusstsein. Das braucht man im professionellen Bodybuilding insbesondere deshalb, weil es vor den Wettkämpfen viele Attacken auf das Selbstbewusstsein durch andere Teilnehmer gibt – so kann man die Bühnenperformance der Konkurrenten unauffällig schwächen. Ein Erfolg meiner Visualisierungen war, dass ich zwar in dieser Hinsicht ordentlich austeilen konnte, aber selbst immer völlig siegesgewiss blieb.

In der Regel begann ich mit der Visualisierung, sobald ein Wettkampftermin feststand. So konnte mich die Vision durch die gesamte Vorbereitung, von der Planung über Training und Diäten, bis in die Umkleidekabine und auf die Bühne begleiten und mich mit positiven Emotionen füllen. Ich gewann die Wettkämpfe also nicht erst am Wettkampftag, sondern ein halbes Jahr lang jede Minute jedes Tages auf dem Weg dort hin. Das gab mir eine unheimliche Energie, die ich auch benötigte: Die Diät, der man sich vor dem Wettkampf unterzieht, ist ganz sicher nicht das, was man sich nach einem harten Tag wünscht. Ich stand oft schon sehr früh morgens an den Hanteln, da ich ja auch noch meine Ausbildung zu absolvieren hatte und später neben dem Training im Fitnessstudio arbeitete. Und vor allem bewegte ich wortwörtlich tonnenweise Stahl auf dem Weg zu meinen Erfolgen. Das konnte ich nur mit einer starken Visualisierung meines Ziels erreichen, die ich ständig in mir trug und immer abrufen konnte, wenn ich positive Emotionen und einen Motivationsschub brauchte. Dafür hatte ich, wie bereits in einem früheren Kapitel erwähnt, ein sehr starkes Bild: Ich visualisierte den Applaus, den ich bei meinem ersten Auftritt auf einer Bühne erhielt, mit all den guten Gefühlen, der Aufregung, allen Details und Gesichtern. Über die Jahre fügte ich diesem Bild die positiven Emotionen weiterer inzwischen errungener Erfolge hinzu – und es wurde immer stärker, während ich immer erfolgreicher wurde. Schon damals habe ich gelernt, dass die einzelnen Meisterschaften immer nur Zwischenziele auf dem Weg zu einem entfernteren Ziel sind. Damals habe ich das Fernziel noch im Bodybuilding-Bereich vermutet – Du hast inzwischen gesehen, dass es anders kam. Meine Visualisierung aus dieser Zeit habe und nutze ich aber immer noch.

Planung im Leistungssport

Außerdem lernte ich in dieser Zeit die Bedeutung eines Plans kennen – und heute bin ich überzeugt, dass ohne einen Plan kein Erfolg möglich ist. Wie bereits erwähnt, glaube ich auch, dass viele Menschen an dieser Stelle scheitern. Meine sportlichen Erfolge habe ich nur durch das strikte Befolgen eines Plans erreichen können, der fast jeden Aspekt meines Lebens während jeder Stunde der gesamten, monatelangen Wettkampfvorbereitung abgedeckt hat. Warum war dieser Plan so wichtig? Ich glaube nicht, dass ich ohne diesen Plan so effizient gewesen wäre. Die Wettkampfvorbereitung war unheimlich intensiv – anfangs war ich darauf angewiesen, dass meine Mutter mir die meiner Diät entsprechenden Mahlzeiten kocht, um mein Pensum überhaupt zu schaffen. Im Plan sind auch immer wieder Zwischenziele verankert, die meinen Leistungsstand aufzeigen und mich entlang des Weges motivieren. Ohne einen Plan wäre es mir nicht möglich gewesen, Schulabschluss und Ausbildung mit meinem Training in Einklang zu bringen, um in beiden Bereichen am Ende erfolgreich zu sein. Ganz zu schweigen von meinem Privatleben, das wohl ohne einen Plan stark belastet worden wäre. Mit einem Plan hingegen kann man immer auch feste Zeiten für Erholung planen: So plante ich auch während meiner aktiven Zeit als Wettkampfsportler hin und wieder wochenlange Urlaube, um mich mal richtig zu erholen. Wer keinen Plan hat, verschwendet oft Zeit – anstatt diese zu bündeln und sinnvoll zu nutzen.

Visualisierung in anderen Bereichen des Lebens

Sport ist eigentlich wie alles, was wir im Leben machen: Wir können das mögen, was wir tun, oder nicht, wir können Erfolg haben oder nicht. Daher ist es keine Überraschung, dass Techniken, die mich im Sport erfolgreich gemacht haben, mir auch in anderen Bereichen des Lebens zum Erfolg verholfen haben. Visualisierung gehört zu diesen Techniken. Erinnerst Du Dich an die Rituale, die ich Dir in einem früheren Kapitel vorgestellt habe? Mit diesen Techniken kannst Du das Visualisieren üben und Dich daran gewöhnen, es als Erfolgstechnik in Deinen Alltag einzubauen. Sie haben aber zugleich den schönen Effekt, dass Sie Dich sofort mit positiven Emotionen erfüllen. Negative Emotionen, wie Stress oder Frust, werden verdrängt und Du bekommst eine frische Sichtweise auf Deine eigene Situation. Indem Du täglich angenehme Situationen visualisierst, erlebst Du sie innerlich neu, mit all den guten Gefühlen – und wirst keinen Tag ohne positive Emotionen mehr haben. Das ist für Deine Motivation unheimlich wichtig und hilft Dir über schlechte Phasen hinweg.

Neben diesen Visualisierungen von schönen Situationen kannst Du auch Dein Ziel visualisieren: Das ist eine sehr starke Technik, die ich in meiner Wettkampfzeit regelmäßig eingesetzt habe. Im privaten und beruflichen Leben, wenn es also um Deine „Vision für Dich" geht, ist so eine Visualisierung doppelt nützlich. Einerseits hilft sie Dir dabei, Dein Ziel zu überprüfen: Welche Emotionen spürst Du, wenn Du Deinen Erfolg vor dem inneren Auge in allen Details erlebst? Ist es Zufriedenheit und Dankbarkeit, oder sind da noch andere Gefühle? So kannst Du über Deine Visualisierung feststellen, ob Dein Ziel wirklich authentisch ist und Deinen Bedürfnissen entspricht. Andererseits wird die Visualisierung Dein Antrieb auf dem Weg zum Erfolg:

Egal, wie fern das Ziel erscheint, visualisiert kannst Du es in aller Pracht und mit allen Sinnen erleben. So entfremdest Du Dich nicht zwischen all den Alltagssorgen von einem eventuell noch weit entfernten Ziel, denn Du spürst es so, als wenn es schon Realität wäre.

Der Weg zu Deiner Vision

Jetzt sind wir schon mitten auf dem Weg zum Erfolg: Wir haben unser Ziel visualisiert und haben geübt, es täglich zu spüren und uns von den positiven Emotionen leiten zu lassen. Aber wie gehen wir jetzt los – den Blick auf das innere Auge gerichtet und blind über die Steine in unserem Weg stolpernd? Ganz sicher nicht. Die Vision ist nur der Zielort in unserem Navi, das jetzt den Weg dort hin berechnet. Eines haben all diese Wege, so unterschiedlich sie auch sein mögen, gemeinsam: Sie führen allesamt über Straßen und nicht etwa quer durch Felsen oder Flüsse. So ist es auch mit unserem Weg zum Erfolg, der zwar bei jedem Menschen unterschiedlich verläuft, aber immer grundsätzlichen Regeln folgt. So, wie Du nicht einfach durch einen Felsen fahren kannst, kannst Du auch nicht ohne das entsprechende Training Deinen Weg zu WM-Wettkämpfen finden und, wie ich selbst feststellen musste, kannst Du nicht ohne Zaun südafrikanische Tiere in einer Lodge in Namibia halten.

Den Weg zu Deinem individuellen Ziel musst Du daher in gewisser Weise selbst finden. Dass dies mit der nötigen Motivation auch unter ungewöhnlichen Umständen möglich ist, beweist schon mein bisheriges Leben. Wichtig ist dabei, dass Du aufmerksam bleibst und bemüht bist, die notwendigen Schritte zu finden oder zu erlernen – mit der richtigen Motivation ist das normalerweise kein Problem. Auch hier gibt es, davon bin ich überzeugt, keine Grenzen außer denen, die wir uns selbst setzen. Ich habe mir in meinem Leben von Elektroniker-Fachwissen über die anatomischen Details aus meiner Trainerausbildung, das Abitur, das Bachelor- und Masterstudium, einer großen Kenntnis der afrikanischen Tierwelt und Kenntnissen im Onlinemarketing eine große Menge Wissen angeeignet. Eine weitaus größere Menge, als damals abzusehen war, als ich nur gerade so auf die Realschule kam. Warum sollte das bei Dir anders sein? Du brauchst einfach nur ein Ziel, das Dich maximal motiviert, und einen möglichst detaillierten Plan – und schon bist Du auf dem Weg zum Erfolg.

Der Plan ist im „richtigen Leben" genauso wichtig wie im Sport: Auch hier kann er Dir die gleichen Vorteile bringen. Erst einmal strukturiert er Deinen Weg und gibt Dir Zwischenziele und Etappen vor, so dass aus einer langen, überwältigenden Strecke mehrere überschaubare Streckenabschnitte werden. Er ist auch wichtig dafür, dass Du keine entscheidenden Schritte vergisst – ein schlechter Plan ist nicht viel besser als gar kein Plan. Zur Erläuterung greife ich noch mal auf meine frühe Wettkampfzeit zurück: Mein erster Trainer und Mentor hat das Thema Diät vor dem Wettkampf lange nicht so streng gesehen wie mein späterer Trainer. Dementsprechend enthielt mein Plan nur vage Diätbestimmungen, die kaum einen Effekt hatten. Als ich meinen Plan in diesem Punkt änderte, merkte ich deutliche Unterschiede. Ohne diese Planänderung wäre mein erreichter Erfolg so sicher nicht denkbar gewesen. Deshalb solltest Du Deinen Plan auch ständig überprüfen: Wenn die Tiere weglaufen, dann solltest Du einen Zaun planen. Das klingt banal – ist aber eine sehr wichtige Lektion, die ich selbst immer wieder in meinem Leben gelernt habe. Wenn Du Deinen Plan, also Deinen Weg hingegen als mühsam empfinden solltest, dann überprüfe Deine Ziele.

Wenn sich Visionen ändern

Die Welt ist rund und dreht sich um sich selbst und um die Sonne – und auch auf der Erde selbst ist alles in Bewegung, von den Kontinentalplatten bis hin zu uns Menschen und unseren Zielen. Es ist also völlig in Ordnung und natürlich, wenn Du Deiner Musikkarriere als Pianist nichts mehr abgewinnen kannst und Dich nun die Schauspielerei interessiert – oder die Veterinärmedizin. Du gehst ja schließlich jeden Tag mit offenen Augen durch die Welt und die Eindrücke, die Du sammelst, verändern auch Dich. Meine ganze Bodybuilding-Karriere in Deutschland erschien mir mit einem Schlag fragwürdig, nachdem ich etwas Zeit in den USA verbracht hatte – dabei war ich Vize-Europameister! Und wer hätte gedacht, dass ich eines Tages riesige Ländereien im fernen Namibia kaufen und dort über Jahre hinweg mit dutzenden Arbeitern etwas aufbauen würde? Dabei ist es, so willkürlich es von außen vielleicht erscheint, doch immer authentisch und richtig gewesen, genau diese Dinge in diesen Momenten zu tun.

Was bedeutet es, wenn ich diese Änderungen als authentisch und richtig bezeichne? Das bedeutet, dass sie nicht willkürlich oder von außen diktiert waren. Sie entsprachen meinen Bedürfnissen, so, wie sie zu diesem Zeitpunkt waren. Und dabei spreche ich nicht von vorübergehenden Bedürfnissen wie Hunger, Durst oder dem Bedürfnis, sich auszuruhen. Ich spreche von tieferen Bedürfnissen, wie dem Bedürfnis, an mir selbst zu arbeiten im Bodybuilding, oder dem Bedürfnis nach Abenteuer und dem Entdecken einer mir völlig fremden Lebensart in Afrika, oder dem Bedürfnis, bei der Finanzberatung mit meinem Rechentalent Menschen zu helfen. Willkürlich wäre es gewesen, wenn ich plötzlich ein Fast-Food-Franchiserestaurant eröffnet hätte,

Grafikdesigner geworden wäre oder etwas ähnliches getan hätte, was nichts oder nur wenig mit meinen Bedürfnissen zu tun hat. Wichtig ist, dass sich Dein Ziel zu dem Zeitpunkt, wo Du es wählst, mehr mit Deinen Bedürfnissen deckt, als alles andere – ansonsten führt Dich selbst der beste Plan weg vom Erfolg und hin zu Unzufriedenheit.

Habe also keine Angst vor Veränderung! Habe auch keine Angst vor Bedürfnissen, die auf den ersten Blick unvernünftig erscheinen. Hätte ich Angst vor solchen Veränderungen gehabt, wäre ich meiner Bodybuilding-Karriere gefolgt, bis ich – wie es bei jeder Sportkarriere geschieht – irgendwann aus Altersgründen hätte aufgeben müssen. Dann hätte ich vielleicht als Trainer weitergearbeitet, oder als Elektroniker. Ich hätte viele wundervolle Dinge in meinem Leben nicht erlebt und erreicht. Und vor allem hätte ich nicht authentisch gelebt, weil ich mir meiner Bedürfnisse und Ziele nicht bewusst gewesen wäre. Deshalb fängt Dein Weg bei der Visualisierung Deines Ziels an, bis Du weißt, welches Ziel wirklich Dein Ziel ist. Und wenn sich Deine Vision ändert – ändere Dich mit ihr. Vielleicht hast Du Dich auch schon längst geändert und musst es Dir nur bewusst machen.

4.2 Mentoren – wie uns die Erfahrungswerte Anderer bereichern können

„Andere Menschen machen uns zu Menschen.“

(Weisheit vom Volk der Sotho)

Bevor ich auf die Mentoren in meinem Leben eingehe, möchte ich noch kurz Vorbilder in meinem Leben aufzählen. Das sind Menschen, die mich durch ihre Ausstrahlung oder durch das was sie tun in irgendeiner Weise beeinflusst haben – im Sinne von: „Diese Person hat irgendetwas an sich, das ich auch gerne hätte.“. Solche Personen gibt es sicher auch in Deinem Leben: Jemand, dessen Lebensfreude oder Weisheit Dich beeindruckt, jemand, der für Dich irgendwie positiv aus der Masse hervorsticht oder einfach jemand, der mehr über das weiß, was Dich interessiert. Es ist gut, wenn Du lernst, auf solche Menschen zu achten: Du kannst fast immer etwas von ihnen lernen oder in sonst irgendeiner Form Gewinn daraus ziehen, mit ihnen zu sprechen.

Eines meiner ersten Vorbilder war in gewisser Hinsicht der Freund meiner Schwester: Er ging ins Fitnessstudio und las Bodybuilding-Zeitschriften, in denen ich dann auch lesen durfte. Er war mein erster Kontakt in der Bodybuilding-Szene – so ein Einstieg ist enorm viel wert und ohne ihn wäre ich wohl nicht unbedingt zu diesem Sport gekommen. Auch die Bodybuilder, von denen ich las und deren Bilder ich sah, waren für mich Vorbilder: Durch sie fand ich in mir das Bedürfnis, auch so sein zu wollen. Ein großes Vorbild war für mich auch Arnold Schwarzenegger, von dem ich mir viele Psychotricks abguckte, um Konkurrenten vor dem Wettkampf zu verunsichern. Später, gegen Ende meiner Bodybuildingzeit, traf ich auf einen Mann, dessen offensichtlich gute finanzielle Ausstattung mich immer wieder beeindruckte. Durch ihn kam ich dann zu meiner Vertriebskarriere – die den Weg für zahlreiche weitere Erfolge und meine Karriere als Finanzberater bereitete. Überlege einmal, wie mein Leben verlaufen wäre, wenn ich ihn nicht gefragt hätte, was er arbeitet – und ihn nicht gebeten hätte, mich dort vorzustellen. Manchmal sind Entscheidungen, die uns im ersten Moment beliebig und spontan erscheinen, prägend für unser gesamtes weiteres Leben. Deshalb ist es wichtig, dass Du immer aufmerksam bist und solche Momente nicht ungenutzt verstreichen lässt.

Ich sprach ja bereits von den offenen Türen, die Du eigentlich nur zu finden brauchst. Dies sind solche Türen, die in Form von Menschen vor dich treten. Und Du wirst das Bedürfnis haben, mehr über diese Menschen herauszufinden – folge diesem Bedürfnis, dann wirst Du viele interessante Gespräche und offene Türen erleben! Auch mein Afrika-Abenteuer wäre ohne zwei Freunde undenkbar gewesen. Sie waren beide deutlich älter und erfahrener als ich und brachten genügend finanzielle Sicherheit mit, um zu dritt ein Projekt dieser Größenordnung zu realisieren. Man kann sagen, dass ich in diesem Moment einfach unfassbares Glück hatte, mit diesen beiden Menschen an genau diesem Tag an genau dieser Stelle gestanden zu haben, als wir spontan auf den Gedanken kamen: „All dies hier könnte uns gehören.“. Ich sehe es aber auch gerne so, dass meine damaligen Wünsche und Bedürfnisse mich in genau diese Situation geführt haben. Ich musste nur geistesgegenwärtig – oder wie ich damals dachte, verrückt – genug sein, es zu erkennen und das Beste daraus zu machen.

Mentoren – Deine Lehrer für den Erfolg

Neben solchen inspirierenden Personen hatte ich in meinem Leben auch richtige Mentoren: Das sind für mich Menschen gewesen, die mich auf Abschnitten meines Lebens begleitet haben und mir mit ihrer Erfahrung und ihrem Wissen auf dem Weg zum Erfolg weitergeholfen haben. Solche Menschen sind für den Erfolg entscheidend: Du wirst nur sehr wenige, vielleicht sogar überhaupt keine, erfolgreichen Menschen finden, die keinen Mentor hatten. Das ist auch einleuchtend: Der Weg zum Erfolg erfordert viel Wissen, das uns solche Menschen geben können. So vermeiden wir Fehler und kürzen den Weg an bestimmten Stellen ab. Außerdem empfinden viele erfolgreiche Menschen Dankbarkeit für das, was sie erreicht haben, und sind gerne Mentor um für all das, was sie selbst erhalten haben, etwas zurückzugeben.

Mentoren auf Zeit

Hast Du einmal einen Mentor gefunden, heißt das nicht, dass Du gleich seinen gesamten Lebensweg übernehmen musst. In der Regel begleitet Dich Dein Mentor zu einem bestimmten Ziel oder ein Stück hin zu einem bestimmten Ziel – Du hast aber inzwischen verstanden, dass wir in unserem Leben viele sehr verschiedene

Ziele haben und erreichen können. Es ist sehr unwahrscheinlich, dass wir einen Mentor finden, der genau auf unseren eigenen Lebensweg passt. Deshalb darfst Du auch keine Angst haben, den Mentor zu wechseln, wenn er mit Deinen Bedürfnissen und Zielen nicht mehr übereinstimmt oder wenn Du den Eindruck hast, dass er Dich auf Deinem Weg nicht mehr weiter bringen kann. Das habe ich selbst auch schon mehrfach getan – und ich empfehle es Dir auch. Dein Mentor wird es verstehen.

Ich habe diese Lektion sehr deutlich gelernt, als ich das Fitnessstudio und damit den Trainer und Mentor gewechselt habe. Im Vergleich zu dem intensiven und allumfassenden Wettkampftraining, das ich im neuen Studio bekam, war das Training im alten Studio eher beschaulicher Hobbysport. Ich bekam einen unheimlichen Push. Außerdem brachten mein Mentor und die Wettkampfsportler im Studio unheimlich viel topaktuelles Wissen mit, von dem ich ebenfalls profitierte. Später war in gewisser Hinsicht Arnold Schwarzenegger ein Mentor für mich – als ich ihn in den USA traf, führten wir interessante Gespräche, aus denen ich wieder viel für mich zog und durch die ich meinen Blick auf den gesamten Sport entscheidend erweiterte. Interessanterweise führte diese Erweiterung am Ende dazu, dass ich meine Karriere beendete. Auch so etwas ist möglich – und mein Weg sollte von dort noch viel weiter führen.

Nach dem Bodybuilding benötigte ich auch neue Mentoren: Dazu gehörten zunächst auch meine beiden Freunde, mit denen ich die Lodge in Namibia eröffnete. Sie hatten beide unheimlich viel Erfahrung, von der ich während des Projektes lernen konnte. Später begann ich, mich mit einer Gruppe von Unternehmern aus verschiedenen Branchen und mit Unternehmen verschiedener Größe regelmäßig zu treffen. Bei diesen Treffen besprechen wir nichts Privates – ausschließlich Ideen, Motivationen und Pläne, unter strikter Vertraulichkeit. Außerdem haben wir einen professionellen Coach dabei, um uns effizient austauschen zu können. Während wir uns in dieser Gruppe in gewisser Weise gegenseitig Mentoren sind, profitieren wir auch von der Erfahrung des Coaches. Dieser wurde später sogar noch einmal mein persönlicher Mentor: Als er spürte, dass ich mich in einer Krise befand, zeigte er mir neue Techniken um meinen Erfolg zu visualisieren. Zusammen mit ihm entwickelte ich meinen Weg zurück zum erfolgreichen, motivierten Leben.

Dein Umfeld als Mentor

Wenn ich sage, dass wir uns in der Gruppe gegenseitig Mentoren sind, dann meine ich, dass wir durch den intensiven Austausch unserer Ideen und Visionen gegenseitig von unserer Motivation und unserem Wissen profitieren. So etwas geht natürlich auch außerhalb solcher Gruppen, auch wenn die Gruppe mit Coach es natürlich viel effizienter macht. Manchmal führt man aber auch ein sehr inspirierendes Gespräch mit einem völlig fremden Menschen im Zugabteil. Wenn Du bis hier aufmerksam gelesen hast, wirst Du so ein Gespräch gar nicht mehr für so zufällig halten, denn Du kannst lernen, von Deinem Umfeld zu profitieren und häufiger positive, inspirierende Gespräche zu führen. Wichtig dafür ist, dass Du Deine Bedürfnisse genau kennst – denn in diesen liegt der Schlüssel. Je größer die Übereinstimmung zwischen zwei Menschen auf der Limbischen Karte ist, desto größer ist die Wahrscheinlichkeit, dass ein interessantes Gespräch entsteht, von dem beide Seiten profitieren. Auch für Ratschläge aus Deinem Umfeld ist die Limbische Karte eine gute Orientierung: Ratschläge von Menschen mit größerer Übereinstimmung werden oft auch hilfreicher für Deine Situation sein. Wichtig ist natürlich nicht nur die Übereinstimmung der Bedürfnisse: Du solltest Dich auch vor allem nach erfolgreichen Menschen richten. Gerade, wenn Du noch ganz am Anfang Deines Weges zum Erfolg stehst, können Dir die meisten erfolgreichen Menschen noch viele wertvolle Hinweise und Techniken verraten.

Du kannst von Deinem Umfeld aber auch auf ganz andere Art etwas lernen: Deine Zufriedenheit wird nämlich, wenn Du gelernt hast, Deine Bedürfnisse zu visualisieren, ein sicheres Messgerät dafür sein, ob Du Dich mit den richtigen Menschen umgibst. Du kannst also aus Deinen Gefühlen im Umgang mit Menschen auch lernen, ob Du im Einklang mit Deinen Bedürfnissen lebst. Wenn die Kundenakquise Dir schwer fällt, weil Du es anstrengend findest, mit all diesen Menschen zu telefonieren – dann vertreibst Du möglicherweise nicht das richtige Produkt oder bist gänzlich in der falschen Branche. Wenn Du also seit Tagen kein inspirierendes Gespräch geführt hast und keinem interessanten Menschen begegnet bist, dann ist das ein sicheres Zeichen dafür, dass etwas an Deinem Umfeld nicht zu Dir passt. Du solltest dann auch Deine Ziele noch einmal genau überprüfen, selbst wenn Du denkst, auf dem richtigen Weg zu sein: Es ist fast sicher, dass sie nicht ganz authentisch sind.

Wenn Du das erkannt hast, kannst Du Dir ein interessantes Umfeld aufbauen. Wie das geht? Das ist ganz einfach: Wenn Du Dein authentisches Ziel verfolgst, dann wirst Du Menschen, die zu Deinen Bedürfnissen passen, automatisch erkennen und ihre Nähe suchen. Andersherum werden auch Menschen Deinen Erfolg spüren und die richtigen Menschen werden Deine Nähe suchen. Nehmen wir wieder ein Beispiel aus meiner Zeit als

Finanzberater: An einem gewissen Punkt habe ich realisiert, dass bestimmte Kunden einfach nicht meinen Bedürfnissen entsprachen. Also konzentrierte ich mich auf die Kunden, die mir auf der Limbischen Karte näher sind – und konnte sie so auch optimal beraten. Das führte wiederum dazu, dass sich immer mehr solche Kunden bei mir meldeten – und ich wieder so viel Freude an der Arbeit empfand wie lange nicht.

Es gibt also verschiedene Stufen, wie du die Erfahrung Anderer in Dein Leben und in Deinen Weg zum Erfolg integrieren kannst. Du wirst lernen, Dein Umfeld positiv und Deinen Zielen gerecht zu verändern und so von vielen interessanten Kontakten und Gesprächen profitieren. Du solltest Dir aber für Deinen Weg auch Mentoren suchen, die Dich in intensiven Gesprächen beraten können und Dir die Techniken vermitteln können, die sie auf ihrem Weg genutzt haben. Sei dabei nicht zu schüchtern und zurückhaltend – Du hast ja nun erfahren, welche große Bedeutung die richtigen Mentoren und Freunde zur richtigen Zeit für mich hatten. So eine Chance solltest Du Dir unter keinen Umständen entgehen lassen – ich kenne keinen erfolgreichen Menschen, der ohne Vorbilder und Mentoren an sein Ziel gelangt ist. Es ist auch nur schwer vorstellbar, alle Erfahrungen selbst machen zu müssen – als müsste das Navi den Weg nicht nur berechnen, sondern zuvor noch die Straßenkarte selbst erstellen.

4.3 Persönliche Entwicklung ohne Grenzen

„Folge dem Fluss und finde das Meer“

(Weisheit vom Volk der Swahili aus Kenia)

An diesem Punkt der Lektüre hast Du Dir sicher schon angefangen, Gedanken über Deine eigenen Ziele zu machen. Mach sie Dir an dieser Stelle noch einmal bewusst: Bist Du zufrieden mit Deinem Leben, wie es ist? Hast Du das Gefühl, erfolgreich zu sein? Was sind Deine Bedürfnisse – und hast Du, wenn Du genau darüber nachdenkst, das Gefühl, dass Dein Ziel dazu passt? Nimm Dir fünf Minuten oder eine Viertelstunde Zeit und visualisiere Dein Ziel. Beobachte dabei Deine Emotionen und versuche, das Ziel ganz klar zu sehen.

Wie viele Ziele hast du in Deinem Leben schon gehabt? Wie viele hast Du davon schon erreicht? Und die Ziele, die Du aufgegeben hast – bist Du daran gescheitert oder hast Du das Interesse daran verloren? Wenn Du bis hier gelesen hast, dann hast du hoffentlich inzwischen einen klareren Blick darauf gewonnen, wie Du zum Erfolg kommst. Nutze diesen Blick jetzt noch einmal, um auf

Deine vergangenen Ziele zu schauen. Vielleicht waren die Ziele zu klein und wurden von den Steinen verdeckt, die der Alltag Dir in den Weg geworfen hat. Vielleicht waren sie nicht authentisch, und Du hast einfach nicht die Motivation aufbringen können. Vielleicht waren sie auch nicht klar genug – so dass Du keinen Plan für den Weg machen konntest. Vielleicht hast Du auch einfach nur keinen Plan gemacht, weil das Ziel Dir so weit weg erschien Du hast einfach nur gehofft, es zu erreichen – aber Du hast Dich nie auf den Weg gemacht.

Leben heißt weiterentwickeln

Du wirst bei dieser Rückschau auch merken, dass Dir manche Ziele aus Deiner Vergangenheit jetzt merkwürdig fremd erscheinen. Das ist ganz normal, Du hast ja bereits gesehen, dass auch bei mir ein Ziel manchmal das nächste ablöst. Vielleicht hast Du aber auch einfach erkannt, dass es nie wirklich Dein Ziel war – und fühlst jetzt einen großen Abstand dazu. Andererseits wird es viele Ziele in Deinem Leben geben, die Du noch gar nicht kennst, und die sich erst entlang des Weges offenbaren werden. Sicher hast Du auch schon Berichte von Menschen gelesen, die mit über 90 Jahren noch körperlich anstrengenden Sport ausüben, eine neue Sprache lernen oder andere Dinge tun, die sich andere Menschen mit frischen 25 Jahren nicht zutrauen würden. Das ist faszinierend – denn diese Menschen ziehen aus ihrer Vision immer noch eine Motivation und Kraft, die ihnen scheinbar Unmögliches möglich macht. Dabei erscheinen diese Menschen oft auch ungewöhnlich vital und frisch für ihr Alter.

Du wirst vielleicht auch schon gedacht haben, dass Du für irgendetwas schon zu alt bist. Tatsächlich gibt es nur wenige Dinge, für die man zu alt ist – für viele Dinge fühlt man sich nur zu alt. Du wirst Dich alt fühlen, wenn die Motivation in Dir erloschen ist, das Feuer, das schon morgens beim Weckerklingeln in Dir brennt und Dich dazu drängt, Deinen Weg zum Erfolg zu verfolgen. Diese Motivation kannst Du aber wieder zu voller Strahlkraft bringen, wenn Du das richtige Ziel visualisierst. Du wirst sehen, wie sich alles Weitere dann fast wie von selbst fügt und das Ziel die Steine auf Deinem Weg weit überragt. Ich kann Dir das aus meiner eigenen Erfahrung bestätigen: Wie bereits erwähnt, konnte ich mit der Visualisierung von Erfolg selbst mit einer verletzten Schulter schmerzfrei an einem Wettkampf teilnehmen. Ich habe keine Zweifel, dass die richtige Visualisierung Deine Müdigkeit und Deine Antriebslosigkeit beseitigen kann. Du musst einfach nur den Mut haben, den Weg zum Erfolg zu wählen und nicht den Weg, der Dir zur Zeit als vernünftig und bequem erscheint!

Rückschläge sind wichtig!

Du hast bereits von den zahlreichen Rückschlägen und Schwierigkeiten erfahren, mit denen ich in meinem Leben umgehen musste. Gerade am Anfang Deines Weges, wenn Du noch nicht an den Erfolg gewöhnt bist, erfüllt vielleicht die Erfahrung von Frust und Misserfolg Deine Gedanken. Dann werden Rückschläge erst einmal ein ganz natürlicher Bestandteil Deines Weges sein. Ich schlage Dir hier schließlich keine Magie vor, bei der die Visualisierung Deines Zieles Dich auf übernatürliche Weise dorthin zaubert. Ich schlage Dir einen Weg vor, und bei jedem Weg gibt es Abkürzungen, die sich als Umwege entpuppen, steile und flache Abschnitte und natürlich schlechtes Wetter – und Du musst ihn vor allem bis zum Ende durchhalten.

Ob Du den Weg mühsam abarbeitest oder mit Freude entlangläufst, hängt vor allem von Deiner Motivation ab. Und die ist ganz besonders in Gefahr, wenn Rückschläge und Misserfolge zu Frust führen. Deshalb ist es wichtig, Rückschläge als wichtige Zeichen auf Deinem Weg zu erkennen. Du erinnerst Dich vielleicht, wie ich vom Ende meiner Bodybuildingkarriere erzählt habe. Ich bemerkte, dass ich darüber nachdachte, wie viele Wiederholungen einer Übung nötig seien. Diese Einstellung hätte mich früher oder später zu Misserfolgen bei Wettkämpfen geführt. Natürlich hätte ich dann darüber frustriert sein können und mich mit negativen Emotionen füllen. Ich möchte Dir aber hier zeigen, dass solchen Rückschlägen oft vorausgeht, dass wir das Ziel nicht mehr zu 110 % verfolgen. Das führt dazu, dass wir das Training vernachlässigen oder den Weg als anstrengend empfinden – und die erhoffte Leistung natürlich ausbleibt. Deine Umsätze als Verkäufer sind eingebrochen und Du hast schon gar keine Lust mehr das Telefon in die Hand zu nehmen? Prüfe doch jetzt einmal, woran das liegen könnte! Vielleicht ist Deine Zeit als Verkäufer vorbei – doch woanders wartet wieder eine offene Tür. Vielleicht musst Du aber auch nur das Unternehmen oder die Branche wechseln. Am Ende kannst Du Deinem Misserfolg dankbar sein, denn er hat Dich zu einer weiteren Entwicklung, weiterem Wachstum und vielen wertvollen Erfahrungen geführt.

Die richtige Haltung entwickeln

Wie Du vielleicht inzwischen gemerkt hast, erscheinen mit all diesem Wissen viele Dinge in einem neuen Licht. Du beginnst, Dein Leben durch die Brille von Begriffen, wie: authentisches Ziel, eigene Bedürfnisse und Erfolg, zu sehen. Durch regelmäßiges Üben der Rituale entwickelst Du eine positive emotionale Stimmung, fühlst Dich motiviert und planst jeden Tag Deinen Weg zum Erfolg. Mit der Zeit wirst Du merken, dass sich um

Deine Veränderungen herum auch Dein Umfeld geändert hat: Du führst mehr interessante und inspirierende Gespräche, hast weniger frustrierende Interaktionen mit Kollegen und Kunden, fühlst Dich stärker und selbstbewusster. Du hast vielleicht Dein Ziel noch nicht erreicht – denn Du sollst Dir ja ein großes, alles andere in Deinem Leben überragendes Ziel setzen, und das zu erreichen kann Jahre dauern. Aber Du hat etwas anderes erreicht: die richtige Haltung.

Damit meine ich, dass Du nicht mehr nur hoffst, Erfolg zu haben. Du hast begonnen, den notwendigen Weg zu gehen. Und während ich meinen Bizeps einfach trainieren kann, indem ich einfach ein paar Hanteln hebe, benötige ich für den Weg zum Bodybuilding-Champion eine Mischung aus Vision, Plan, Motivation, Umfeld und natürlich täglichem Training mit der optimalen Diät. Diese Mischung aktiv zu leben – das bezeichne ich als die richtige Haltung. Mit richtig meine ich natürlich hier nur richtig in unserem Sinne, also auf den Erfolg ausgerichtet. Du wirst merken, dass es eine Wechselwirkung zwischen der richtigen Haltung und den richtigen Kontakten gibt. Interessante Menschen ziehen interessante Menschen an, und beide Seiten profitieren dann gegenseitig von dem Kontakt und geben sich gegenseitig Inspiration. Doch Du darfst nicht darauf warten, dass Dein Umfeld den ersten Schritt macht – den kannst nur

Du tun, indem Du die richtige Haltung aufbaust. Wenn Du sie erst einmal gefunden hast, wird sie Dich Dein ganzes Leben lang begleiten und immer stärker werden. Denn diese Haltung wird Dich mit Erfolg und positiven Gefühlen erfüllen und wir sind als Menschen natürlich danach bestrebt, das Verhalten zu wählen, das zu Belohnung führt.

Überschreite Grenzen!

Die richtige Haltung wird Dir Möglichkeiten eröffnen, von denen Du jetzt noch nicht einmal träumst. Was Du jetzt für Grenzen hältst, die Deine Entwicklung beschränken, sind mit der richtigen Haltung völlig irrelevante Linien auf Papier. Damit meine ich natürlich nicht, dass Du willkürlich Grenzen überschreiten sollst. Es soll auch bei Deiner Entwicklung nicht darum gehen, gezielt Grenzen zu überschreiten. Was ich Dir hiermit sagen will ist vielmehr, dass Du nicht akzeptieren sollst, dass Dich irgendetwas in Deinen Entwicklungsmöglichkeiten einschränkt. Denn das, was uns vom Erfolg abhält, sind in den meisten Fällen nicht die äußeren Umstände, sondern die falsche Herangehensweise. Außerdem wirst Du inzwischen schon verstanden haben, dass ein Ziel, das für Dich wirklich keinen Sinn macht, auch kein authentisches Ziel sein kann.

Du hast kein Abitur, aber möchtest gerne Hirnchirurg werden? Ich habe die Schule auch zunächst ohne Abitur abgeschlossen – und habe inzwischen einen Masterabschluss. Warum sollte es bei Dir anders sein? Beethoven hat ohne Gehör komponiert. Und hast Du schon einmal einen Hund mit amputiertem Bein gesehen? Er läuft nach einer Weile auf den drei Beinen, als wenn Hunde kein viertes Bein bräuchten – und scheint auch gar nicht mehr zu wissen, dass er mal eins hatte. So, wie er gar nicht weiß, dass er Grenzen nicht überschreiten darf. Er versteht ja nicht, wenn Menschen ihm sagen, dass er jetzt nicht mehr richtig laufen kann. Du weißt natürlich, dass es diese Grenzen gibt – ich hoffe aber, dass Du inzwischen verstanden hast, dass diese Grenzen für Dich keine Bedeutung haben. Du wirst nur noch über die Größe Deiner Vision begrenzt. Du erinnerst Dich, was ich über Unvernunft gesagt habe? Manchmal ist es vernünftiger, eine Grenze zu überschreiten, statt innerhalb der imaginären Grenzmauern ein unzufriedenes Leben zu führen – auch dann, wenn es Außenstehende anders sehen und Dich vielleicht belächeln.

Finde Deinen grenzenlosen Weg zum Erfolg!

Zum Abschluss möchte ich für Dich noch einmal kurz die Faktoren zusammenfassen, die ich auf meinem Weg als besonders wichtig für ein erfolgreiches Leben erlebt habe. Natürlich sollst Du Deinen eigenen Weg gehen und nicht den Weg, den ich schon gegangen bin. Dennoch können Dir meine Erfahrungen eine große Hilfe sein, denn viele Erkenntnisse lassen sich auch auf andere Menschen und andere Situationen übertragen. Ich bin ja bereits darauf eingegangen, dass Erfahrungen aus dem Wettkampftraining mir im Vertrieb und anderen späteren Tätigkeiten hilfreich waren. Deshalb bin ich überzeugt, dass auch Du einiges davon für Deinen Weg nutzen kannst

Sei authentisch

Das ist wohl einer der wichtigsten Punkte überhaupt. Wenn Du nicht das richtige Ziel, also ein Ziel, das in diesem Moment 100 % zu Dir passt, verfolgst, dann sind alle weiteren Schritte sinnlos und mühsam. Sei bei der Suche nach Deinem Ziel nicht leichtfertig, aus Ungeduld, weil Du lieber gestern als heute beim Erfolg angelangen wirst. Denn mit Ungeduld kommst du wahrscheinlich nie an. Benutze etablierte Techniken, wie die Limbische Karte, um Deine Bedürfnisse zu ergründen. Visualisiere das Ziel und Deine Gefühle, bis Du es ganz genau kennst. Du wirst spüren, ob es wirklich Dein Ziel ist – fühle danach und gehe den nächsten Schritt erst, wenn Du Dir sicher bist. Natürlich kann sich Dein Ziel mit der Zeit verschieben oder vollständig ändern – deshalb solltest Du Dich auch immer vergewissern, ob es immer noch vollständig passt, damit Du es bei veränderten Umständen anpassen kannst.

Sei grenzenlos

Dein Ziel ist, mehr Sport zu treiben? Das ist noch kein besonders großes Ziel. Du wirst in Deinem Alltag immer wieder Dinge finden, die Dein Ziel verdecken. Versuche, herauszufinden, warum Du mehr Sport treiben möchtest. Du möchtest Deine körperliche und geistige Fitness erhöhen? Dann ist „mehr Sport zu treiben" nur ein Teilziel auf diesem Weg. Aus meiner Zeit als Leistungssportler weiß ich, dass zur optimalen Leistung auch die richtige Ernährung gehört. Ein anderes Teilziel kann sein, ungesunde Gewohnheiten, wie Rauchen, fettes Essen und Alkohol aufzugeben. Am Ende wirst Du ein ganz anderer Mensch sein: Du wirst nicht nur gesünder leben, sondern auch Dein Umfeld wird sich geändert haben, so dass deine neue Lebensweise dir gar nicht schwer fällt, sondern Dich jeden Tag mit positiven Emotionen erfüllt. Vielleicht wirst Du am Anfang gar nicht glauben, dass Du zu einer so großen Veränderung fähig bist – aber es ist möglich! Also begrenze Dich nicht selbst, setze Dir ein hohes Ziel! Es mag vielleicht arrogant wirken, dass ich auf meinem Weg als Bodybuilder die einzelnen Meisterschaften nie als Ziele, sondern immer nur als Teilziel auf dem Weg zur nächsthöheren Meisterschaft gesehen habe. Das ist aber keine Arroganz – ich bin für jeden einzelnen Schritt und jeden einzelnen Erfolg dankbar. Ich habe einfach nur alle Grenzen für mich aufgehoben und bin schließlich bei der Weltmeisterschaft angetreten.

Plane Deinen Weg und Deine Pausen

Es reicht nicht, einfach nur vom Ziel zu träumen! Du brauchst einen detaillierten Plan, um den manchmal jahrelangen Weg zu Deinem Ziel kontinuierlich und erfolgreich zu gehen. Jedes noch so große Projekt lässt sich in eine Anzahl überschaubarer Teilabschnitte und Teilziele gliedern. Diese kannst Du mit einem Plan fokussiert bearbeiten und Dich über die Teilerfolge freuen. Damit erfüllt der Plan zwei sehr wichtige Funktionen: Erst einmal weist er Dir den Weg. Ohne Plan reicht Dein Blick immer nur bis zum Horizont und Du bist ohne Orientierung. Es ist deshalb meiner Meinung nach nicht möglich, ein Ziel ohne Plan zu erreichen – höchstens durch großen Zufall. Der Plan zeigt Dir aber auch immer an, wo auf Deinem Weg zu bist. Und mit jedem

Tag wird die Entfernung zu Deinem Ziel kleiner, damit wächst auch jeden Tag Deine Motivation. Auch das macht einen guten Plan so wichtig. Ein dritter Aspekt sind die Pausen: Ich habe die Erfahrung gemacht, dass es hilfreich ist, sich feste Zeiten für Pausen und Urlaub zu planen. So hat man Zeit, sich zu erholen – ohne, dass man dabei andere Aspekte des Weges vernachlässigt.

Tägliches Training

Auch hier bediene ich mich wieder einer wertvollen Erfahrung aus meiner Bodybuilding-Zeit. Du brauchst das richtige Training und musst es kontinuierlich verfolgen. Das bedeutet auch, dass Du das Training mit Deinem Alltag in Einklang bringen musst – wie ich damals mit Schule und Ausbildung. Aber was meine ich mit dem richtigen Training? Wie ich bereits erwähnt habe, machte der Wechsel meines Trainers einen riesigen Unterschied für meine Fortschritte im Bodybuilding. Aber schon mein erster Trainer gab mir ein strukturiertes Programm, das besser war, als wenn ich einfach in unregelmäßigen Abständen an den Hanteln geübt hätte. Auch die in einem früheren Kapitel geschilderten Rituale sind übrigens ein Training – sie trainieren Dich für die richtige Haltung zum Erfolg und bringen dir nur wirklich etwas, wenn Du sie in den vorgeschlagenen Abständen durchführst. Egal, was Du als Dein Ziel findest, Du wirst auch jeweils passende Möglichkeiten finden – denn Verkauf kann man genauso trainieren wie die eigenen Muskeln.

Du musst den Weg nicht alleine gehen

Eine Möglichkeit, das für sich passende Training zu finden, sind Mentoren. Sie können Dir die Techniken und Rituale verraten, mit denen sie zu ihrem Erfolg gekommen sind. Auch Coaches können eine große Hilfe sein. Du hast sicher eine Vorstellung davon, was ich meine – immerhin liest Du Dir ja auch meine Erfahrungen durch und wirst sicher schon etwas Interessantes für Dich daraus mitgenommen haben. Dennoch möchte ich Dir an dieser Stelle noch einmal ausdrücklich empfehlen, nicht aus falschem Stolz oder großer Schüchternheit zum Einzelkämpfer zu werden. Niemand muss den Weg zum Erfolg alleine gehen – schaffe Dir ein positives Umfeld, beobachte Deine Vorbilder und vergleiche ihren Weg mit Deinem. Und suche Dir erfahrene Mentoren, mit denen Du alle Aspekte Deines Weges besprechen kannst und die Dir Ihre Erfolgstechniken beibringen.

Viel Erfolg auf Deinem Weg!

Nun wirst Du vielleicht Deine Ziele, Deine Pläne und die Art, wie Du dort hingelangen willst neu überdenken. Du wirst Deine Ziele und Gefühle visualisieren, deine Bedürfnisse erkunden und Dich auf Deinen persönlichen, grenzenlosen Weg machen. Du wirst faszinierende Dinge erleben, große Motivation spüren und mehr erreichen, als Du noch vor einigen Tagen für möglich gehalten hast. Dabei wünsche ich Dir viel Erfolg und hoffe, dass Du Dein Leben interessant und zufriedenstellend gestalten kannst. Ich jedenfalls bin jedenfalls jeden Tag dankbar für meinen Weg, die Erfolge und die vielen offenen Türen. Und wenn Dein Umfeld Deine authentische Entscheidung unvernünftig findet, dann weißt Du jetzt – Du hast keine Zeit für Selbstbegrenzung und so genannte Vernunft, Du bist auf dem Weg zum Erfolg!

Keine Zeit für Vernunft

Alexander Bollmann